Les lettres d'un timbré

CANULAR ?

Martin H. Landry

Les lettres
d'un **timbré**

M A R T I N   C A N U E L

ah!
communications

Conception graphique de la couverture et mise en pages : Suzanne Canuel

Impression : AGMV MARQUIS IMPRIMEUR INC.

Une publication de :

anne hurtubise communications
280, rue Saint-Joseph Est
Québec (Québec)
G1K 3A9

Téléphone :   418•524•1554
Télécopieur : 418•524•3181
Cellulaire :   418•561•6527

ISBN 2-9806103-0-5

Dépôt légal : septembre 1998
Bibliothèque nationale du Québec
Bibliothèque nationale du Canada

Imprimé au Canada

Note de l'éditeur

Martin H. Landry est un personnage fictif. Ses propos sont le seul produit de l'imagination de son auteur. Quant au format des lettres originales, il a été normalisé aux fins d'édition. Pour ce qui est du contenu, il demeure inchangé. Toutes les lettres ont vraiment été envoyées.

Les organisations et leurs représentants ne sont pas visés personnellement. L'auteur et l'éditeur ne cherchent aucunement à nuire à leur crédibilité, leur réputation, leurs ventes, etc. Ce livre est proposé dans le but de divertir et non de ridiculiser. Quiconque se sent lésé a droit à nos excuses les plus sincères. C'est le plein humour et la bonne humeur que nous visons. Ce livre est destiné à un public mature compte tenu des propos de certaines lettres.

Finalement, les désignations organisationnelles ne sont pas utilisées à des fins commerciales mais servent simplement à identifier les organismes en cause.

Anne Hurtubise, éditrice

À tous ceux qui ont cru en ce projet.

Préface

Avoir le choix entre posséder le sens de l'humour ou être intelligent, je choisirais la première qualité. L'un n'empêche pas l'autre, de toute façon. Il le compléterait plutôt.

Avoir le choix entre le sens de l'humour et la santé, je choisirais, sans hésiter, la première façon de vivre. La pratique quotidienne de l'humour aide à vivre. Elle fait les centenaires. Quand elle ne les fait mourir prématurément. Mourir de rire, quelle belle mort !

Avoir le choix entre le sens de l'humour et la richesse, je choisirais encore et toujours l'humour. Le fait de me ruiner chaque semaine avec la Loto est une forme d'humour noir.

Martin Canuel a compris tout cela, tout naturellement. Les lettres d'un timbré est l'œuvre d'un homme à l'intelligence élastique, dangereusement en santé et sur le point de toucher des droits d'auteur en or massif. À moins que ce ne soit l'ouvrage d'un vrai timbré. Ce qui n'enlèverait rien au plaisir de la chose.

Martin Canuel aime écrire. Il est servi par une jolie plume. Il a surtout beaucoup d'imagination. Ça se bouscule à la sortie. Il a inventé un genre littéraire original que j'appellerais le courrier-canular.

Martin « canular » Canuel a écrit, signé et posté, en quelques mois, une cinquantaine de lettres délirantes, et reçu autant de réponses toutes plus tordantes de sérieux les unes que les autres.

C'est le mélange des lettres piégées et des réponses-clichés qui fait toute la drôlerie de l'exercice.

L'auteur s'est inventé un personnage de faux naïf, de cocu conscient. Il s'est imaginé une faune familiale qu'il présente à ses correspondants impuissants : sa femme obèse et déviée sexuelle ; ses deux adolescents boutonneux ; ses chats, ses rats et toute une ménagerie de bibittes.

Le courrier pas comme les autres de Martin Canuel est une forme littéraire à part entière. Cet auteur pas comme les autres emprunte au roman et au théâtre. Le roman de l'actualité et le théâtre de la vie quotidienne. Son comique touche au tragique. L'auteur marche sur un fil. Il écrit sans filet.

À lire tout nu, assis sur le trône de la condition humaine.

Louis-Guy Lemieux, journaliste au quotidien LE SOLEIL.

Québec, le 28 février 1996

Communauté urbaine de Québec
M. Benoît Jobidon
Agent d'information/Relations publiques
399, Saint-Joseph Est
Québec (Québec)

Monsieur,

Il me fait plaisir à titre de payeur de taxes, de résidant de Québec, d'amoureux de la capitale et de promoteur touristique, — j'amène beaucoup de touristes ici — de vous envoyer cette lettre.

Comme vous le savez, les différents gouvernements se sont amusés à dépenser l'argent de nos taxes et impôts pour une usine d'épuration des eaux qui n'arrive pas à fonctionner comme elle le devrait. Après avoir défoncé le budget initialement prévu, voilà qu'on a encore besoin de centaines de millions pour construire des bassins de rétention des eaux. Non, mais sans blague! Ils auraient dû y penser avant! Moi qui est obligé de cumuler trois emplois pour arriver, et ce malgré ma maîtrise en anthropologie, voilà que j'apprends ce qu'on fait avec mes taxes. Ça m'écœure!

Mais tout ça c'est terminé. Je vais vous faire part d'un flash que j'ai eu. Avec cette idée, vous n'aurez plus besoin de ces bassins de rétention et vous pourrez mettre la clé dans la porte de cette usine d'épuration qui nous fait tous chier et qui coûte un bras à faire fonctionner.

Mon idée permettra aussi à Québec de redevenir une attraction touristique comme elle le mérite. Après l'échec de Québec 84, la perte des Nordiques et l'insuccès de Québec pour l'obtention des Jeux Olympiques, voilà enfin un projet qui redonnera à ses citoyens leur fierté disparue.

Voilà enfin mon idée qui joint l'utile à l'agréable. Puisqu'il faut traiter ces égouts que nous rejetons, pourquoi ne construisons-nous pas dans le Bassin Louise la plus grosse litière au monde? Bien sûr, cette litière ne servira pas aux chats (bien qu'on pourrait les laisser y aller), mais plutôt à nous, humains. Hé oui, les tuyaux de l'usine d'épuration iraient se jeter dans le Bassin Louise rempli de cailloux et de sable de litière. On n'aurait qu'à déplacer la marina qui ne sert de toute façon qu'à une classe privilégiée.

Je suis sûr que l'on pourrait même avoir des commandites pour la litière. Imaginez la compagnie de litière Cat's pride qui ferait leur publicité en disant que la plus grosse litière au monde à Québec est remplie de Cat's Pride.

Wow! C'est un projet qui attirera l'attention des médias, c'est facile à réaliser, peu coûteux à faire fonctionner, je n'y vois que des avantages. Cela permettrait même d'économiser de l'argent comparé aux coûts de fonctionnement et d'entretien de l'actuelle usine d'épuration.

Vous devez être très surpris d'une telle idée. C'est génial et simple. C'est à se demander pourquoi personne n'y avait pas pensé avant. En espérant que vous m'inviterez pour la première pelletée de terre de ce projet, veuillez recevoir mes salutations les meilleures. Écrivez-moi pour me tenir au courant de ce projet, je tiens un dossier sur toutes mes communications écrites avec les différents gouvernements, question de mesurer l'efficacité du système.

En espérant que vous ne flusherez pas cette idée,

Martin H. Landry
1685, avenue Mailloux app. 5
Québec (Québec)
G1J 4Z2

**Communauté
urbaine
de Québec**

399, rue Saint-Joseph Est
Québec (Québec)
G1K 8E2
Téléphone : (418) 529-8771
Télécopieur : (418) 529-8327

Service des communications

Québec, le 3 mai 1996

M. Martin Landry
1685, avenue Mailloux app. 5
Québec, G1J 4Z2

Monsieur,

Nous accusons réception de vos lettres du 28 février et du 3 avril 1996. Nous nous excusons d'ailleurs pour le délai que nous avons pris à vous répondre.

En ce qui a trait à votre suggestion contenue dans votre première missive, nous l'avons fait acheminer aux personnes concernées pour examen. Lorsque nous aurons des nouvelles de leur part, il nous fera plaisir de vous les transmettre.

En espérant le tout à votre satisfaction, veuillez agréer nos salutations distinguées.

Benoît Jobidon
Service des communications

Québec, le 28 février 1996

Bureau du coroner
Place Belle Cour
2600, boul. Laurier
Bureau 2350
Sainte-Foy (Québec)
G1V 4M6

Bonjour, je vous écris pour vous demander un très grand service pour moi et à ma famille. Je suis père d'une famille de cinq enfants et nous vivons heureux ensemble et avec nos amis les animaux.

Mais, malheureusement, dernièrement il s'est produit un drame dans notre famille. Depuis neuf ans vivait avec nous notre chat « Valentino » et mes enfants l'aimaient beaucoup. Ils y étaient très attachés mais malgré cela, ils le laissaient sortir dehors sans l'attacher.

On l'appelait « Valentino » puisqu'il était très porté sur la chose. Il était devenu au fil des ans l'amoureux des chattes du quartier et le père de nombreux chatons. Mais justement, le fait qu'il était un « Don Juan de Limoilou » le rendait mal aimé par nos voisins. Ceci s'explique par le fait que la population des chats du quartier a considérablement augmenté depuis l'arrivée de Valentino, « le géniteur ». De plus, les voisins se plaignaient d'entendre miauler toutes ces chattes en chaleur à la recherche de Valentino, « le parfait baiseur ».

Or, voilà deux semaines, on a retrouvé Valentino mort dans la cour. Inutile de vous dire que mes enfants étaient bouleversés. J'ai tout de suite pensé à une vengeance des voisins. Voilà le pourquoi de cette lettre. Vous pourriez autopsier Valentino pour trouver la cause exacte de sa mort. A-t-il été étranglé ? A-t-il été empoisonné ? Est-il mort de vieillesse ? Vous seul, avec votre expertise médicale et vos nombreuses morts mystérieuses que vous avez solutionnées, pouvez nous aider.

Mes enfants ne parlent plus aux voisins. Ils sont rendus très méfiants. Si vous établissez qu'il s'agit d'une mort naturelle, la situation reviendra alors à la normale. En espérant que vous pourrez aider notre famille en l'autopsiant, nous sommes prêts à payer les frais médicaux. Valentino repose présentement dans le congélateur, dans un plat Tupperware. Il a encore autour de lui cette neige qui lui a servi de tombeau. Son corps est donc très bien conservé, à côté justement des conserves de ma femme. Écrivez-moi, comme cela je pourrai montrer aux enfants votre réponse à ma demande.

Disséquez pour nous ce mystère,

Martin H. Landry
Martin H. Landry
1685, avenue Mailloux app. 5
Québec (Québec) G1J 4Z2

Gouvernement du Québec
Bureau
du coroner

Sainte-Foy, le 9 avril 1996

M. Martin H. Landry
1685, avenue Mailloux app.5
Québec (Québec)
G1J 4Z2

Monsieur,

Nous avons bien reçu votre lettre du 28 février au contenu pour le
moins étonnant; nous avons effectué alors des recherches, qui se
sont avérées vaines, pour vous joindre par téléphone.

A titre de responsable des communications au Bureau du coroner, on
m'a remis aujourd'hui votre missive du 3 avril; afin d'y donner
suite, j'apprécierais que vous communiquiez avec moi au numéro 643-
1845.

Le responsable des communications

François Houle

2600, boul. Laurier
Tour Belle Cour
Bureau 2350, 3e étage
Sainte-Foy (Québec)
G1V 4M6

Québec, le 28 février 1996

Service canadien des renseignements de sécurité
Bureau des ressources humaines
Boîte postale 2000, succursale A
Montréal (Québec)
H3C 3A6

Bonjour à vous tous, sacrée bande d'espions! Je vous écris cette lettre pour vous démontrer tout mon intérêt que j'ai pour votre service. Un peu aussi pour me faire remarquer pour éventuellement pouvoir travailler comme agent secret pour le S.C.R.S.

Vous vous demandez si je possède les qualités nécessaires pour devenir un espion. Sachez que je suis intelligent, perspicace, bilingue, grand, fort et j'en passe. De plus, j'ai vu et revu tous les films de James Bond. Je les connais tous par cœur. Je peux aussi vous nommer les noms des cinq acteurs qui ont joué ce rôle. Et vous?

Lorsque j'aurai à vivre une mission périlleuse, je saurai faire appel à ma mémoire pour savoir ce qu'a fait James Bond dans pareille situation. Sachez que j'ai beaucoup confiance en moi, ce qui m'aidera à garder mon calme devant les plus grands risques inimaginables. Amenez-vous, les Dr No de cette planète! Martin sera là pour empêcher vos plans diaboliques.

Mais sachez que je sais ce que tout le monde sait. Je dois, avant de devenir espion, être membre en règle de votre service. Cette lettre se veut donc une demande de renseignements sur comment devenir espion et aussi une supplication pour être engagé. Dites-moi aussi si vous travaillez toujours avec des belles femmes, comme James Bond. Combien de temps faudra-t-il avant que j'aie mon permis de tuer?

Alors répondez-moi à cette lettre. Je suis impatient d'avoir une réponse. Pendant ce temps, je continue à m'entraîner pour être fin prêt à combattre les plus infâmes criminels de cette planète. Soyez prêts, Super Martin arrive!

James Bond un jour, James Bond toujours,
    et
Always say "no" to Dr No,

Martin H. Landry
1685, avenue Mailloux app. 5
Québec (Québec) G1J 4Z2

Ressources humaines, C.P. 2000 succ. A, MONTRÉAL Qc, H3C 3A6 (514) 393-5686

Le 15 avril 1996

Martin H. Landry
5-1685, avenue Mailloux
QUÉBEC, Qc G1J 4Z2

Nous accusons réception de votre offre de services pour un emploi au sein du Service canadien du renseignement de sécurité.

Nous vous remercions de l'intérêt que vous portez au SCRS et vous prions d'agréer, l'expression de nos sentiments les meilleurs.

Roger Hamel
Agent de personnel
S.C.R.S. - Région du Québec

RH/mp

Québec, le 13 mars 1996

BCP Stratégie Créativité
Bureau du personnel
140, Grande-Allée Est
Québec (Québec)
G1R 5M8

Madame, Monsieur,

Bonjour la gang de créateurs! À vous qui êtes capables de faire vendre n'importe quel produit grâce à vos campagnes publicitaires, je vous envoie cette lettre avec des exemples de ce que je suis capable de faire. En espérant que je puisse vous impressionner avec mes bonnes idées, assez pour que vous vouliez m'engager à n'importe quel prix.

Voici quelques idées de slogans de mon cru :
- À la Maison funéraire Bouchard, les prix sont bas « à mort » !
- L'Université de Sherbrooke, c'est bon en « estrie » !
- À la clinique capillaire Ross, on ne fera pas comme vos cheveux, on ne vous laissera pas tomber.
- Pour attirer des donneurs à la banque de sperme : À la banque de sperme, venez nous voir, on veut vous voir venir !
- Chez Chaussures Kenney, on chausse même Kenny !
- Avec Vacances Air Transat vous allez avoir votre voyage !
- Les produits pour le corps Mennen, hummmm, mennen-mennen !
- On voit mal vos nichons. Faites nettoyer vos gilets chez Nettoyeurs Michon !
- Laissez-nous vous arrangez la face à la clinique de chirurgie plastique Alphonse Roy.

Non seulement j'ai le talent mais j'ai aussi de l'expérience en publicité. Je passe en effet présentement des Publi-Sac. En espérant vous impressionner, je vous remercie de l'attention que vous porterez à ma lettre.

Tanné de me faire geler avec les Publi-Sac,

Martin H. Landry

Martin H. Landry
1685, avenue Mailloux app. 5
Québec (Québec) G1J 4Z2

BCP
QUÉBEC

Québec, le 7 mai 1996

Monsieur Martin H. Landry
1685, avenue Mailloux
appartement 5
Québec (Québec)
G1J 4Z2

Monsieur,

Nous avons bien reçu votre lettre du 23 avril dernier et vous en remercions.

Soyez assuré que c'est avec intérêt que nous avons pris connaissance de votre offre de service. Cependant, nous devons vous informer que présentement, il n'y a pas de poste disponible répondant à vos qualifications au sein de notre équipe. Toutefois, nous conservons votre offre de service dans notre fichier et ce, pour une période d'un an.

Nous vous prions d'agréer, Monsieur, l'expression de nos sentiments les meilleurs.

Claude Lecavalier
Vice-président directeur général

140, Grande-Allée Est, bureau 350, Québec (Québec) Canada G1R 5M8
Téléphone : (418) 529-1414 Télécopieur : (418) 529-3894

1 7

Québec, le 15 mars 1996

Cabinet du maire
M. le maire Jean-Paul L'Allier
Hôtel de ville de Québec
2, rue des Jardins
Québec (Québec)
G1R 4S9

Monsieur le maire,

Il me fait extrêmement plaisir de vous écrire pour vous soumettre une idée fort originale et qui sera très utile pour la ville de Québec.

Comme vous le savez sûrement déjà, le quartier du Vieux-Québec est d'une beauté inestimable et attire beaucoup de touristes. Mais justement comme il y a beaucoup moins de touristes l'hiver à cause de la neige et du froid, pourquoi ne recouvririons-nous pas le Vieux-Québec d'un dôme en verre? Cela protégerait tout le quartier de la neige et du froid, on pourrait même chauffer l'intérieur. Ce serait comme une vraie serre. Peut-être même qu'une compagnie de fenêtres de Québec pourrait commanditer le dôme. Ce serait pour eux toute une publicité et une économie pour les contribuables.

Avec un tel dôme, les touristes se sentiraient comme en été et ce, douze mois par année. Imaginez l'impact médiatique qu'un tel équipement donnerait à Québec. Tout le monde parlerait de Québec, la ville où il ne pleut jamais, où il fait toujours beau.

En espérant que vous me donnerez des nouvelles de ce projet, je vous remercie de l'attention que vous porterez à ma lettre. Écrivez-moi, je tiens un dossier sur toutes mes communications écrites avec les différents gouvernements.

En attendant, je passe l'hiver dans les abribus,

Martin H. Landry

Martin H. Landry
1685, avenue Mailloux app. 5
Québec (Québec) G1J 4Z2

VILLE DE
québec

**Cabinet
du maire**

2, rue des Jardins
C.P. 700, Haute-Ville
Québec (Québec)
G1R 4S9
Téléphone: (418) 691-6434
Télécopieur: (418) 691-7410

Québec, le 25 mars 1996

Monsieur Martin H. Landry
1685, avenue Mailloux, app. 5
Québec (Québec)
G1J 4Z2

Cher Monsieur Landry,

Au nom de M. Jean-Paul L'Allier, Maire de Québec, j'accuse réception de votre lettre du 15 mars et je vous en remercie.

Après avoir pris connaissance de votre suggestion, permettez-moi de vous souligner que le projet semble démesuré par rapport aux possibilités réelles d'aménagement de ce secteur. Les coûts qu'il engendrerait risquent de dépasser les bénéfices que nous pourrions en retirer.

Québec est une ville d'hiver et nous sommes fiers des avantages que cette saison nous procure et nous devons en assumer les contraintes.

Veuillez agréer, cher Monsieur Landry, l'expression de mes sentiments les meilleurs.

Le directeur du cabinet,

Raymond Benoit

Québec, le 10 avril 1996

Cabinet du maire
M. Raymond Benoit
Directeur du cabinet
2, rue des Jardins
Québec (Québec)
G1R 4S9

M. Raymond Benoit,

Cher monsieur Benoit, je vous écris tout d'abord pour vous remercier d'avoir répondu à ma lettre du 22 mars dans laquelle je vous soumettais mon idée de recouvrir le Vieux-Québec d'un dôme en verre. Je vous écris aussi pour vous soumettre une autre de mes idées.

Vous m'avez convaincu que Québec a plus à gagner à offrir ses charmes que lui procure l'hiver que de les dissimuler par une serre qui recouvrirait le Vieux-Québec. Vous avez raison et je crois comme vous que les touristes qui viennent ici en plein hiver ne viennent pas ici pour se faire bronzer, mais plutôt pour profiter de la neige et des sports d'hiver.

C'est alors que j'ai eu une autre de mes idées fort brillantes. Tant qu'à offrir Québec comme une ville d'hiver, aussi bien le faire pour vrai. Avec mes idées, on pourrait faire de Québec la capitale mondiale de la neige. Ainsi, les touristes du monde entier qui veulent goûter aux joies de l'hiver choisiront Québec comme destination. Tout d'abord, on pourrait recouvrir le Vieux-Québec d'un dôme, mais plutôt que de le chauffer, on y installerait le plus gros système de réfrigération au monde. Comme cela, ce serait l'hiver 12 mois par année à l'intérieur des murs du Vieux-Québec. On pourrait installer des canons à neige pour recouvrir les rues du Vieux-Québec de neige. Les canons lanceraient la neige à partir des toits des maisons. Imaginez, faire du ski de fond sur la rue Saint-Jean en plein mois de juillet et ensuite aller se rafraîchir sur une terrasse extérieure de la Grande-Allée. Wow!

En espérant que vous me donnerez des nouvelles de ce projet, je vous remercie de l'attention que vous porterez à ma lettre.

En attendant, je me mets la tête dans le congélateur,

Martin H. Landry

Martin H. Landry
1685, avenue Mailloux app. 5
Québec (Québec) G1J 4Z2

J'attends toujours une réponse

Québec, le 22 mars 1996

Hydro-Québec
Relations publiques/Communications
5400, boul. des Galeries
Bureau 402
Québec (Québec)
G2K 2B4

Il me fait plaisir de vous envoyer cette lettre pour vous soumettre mon idée. Je sais qu'Hydro-Québec est interessé par l'achat d'électricité produite par des producteurs privés. Je vous écris pour que vous me transmettiez toutes les informations nécessaires à l'acheminement de mes plans et devis pour une soumission en bonne et due forme.

Je viens en effet de finir de construire une mini-centrale électrique et je suis intéressé à la vendre à Hydro-Québec. Je vous enverrai une copie détaillée de mes plans si vous êtes intéressés par mon projet. Mais laissez-moi quand même vous en parler brièvement. Ma mini-centrale fonctionne grâce à des rongeurs. J'ai bâti une cage de 10 pieds par 8 dans laquelle vivent un nombre impressionnant de rongeurs. Cette cage occupe presque la totalité du sous-sol de mon chalet. Les rongeurs doivent tourner une roue pour se nourrir et pour éviter de servir de repas à mes deux chats (Ti-Gris et Ti-Noir). En tournant cette roue, les rongeurs actionnent une mini-turbine qui elle, produit de l'électricité.

Je ne vous donne pas plus de détails présentement, de peur de me faire voler mon idée et afin de garder secrète ma technologie. Sachez qu'il s'agit d'une façon de produire de l'électricité tout à fait géniale et respectueuse de l'environnement, mises à part les crottes qui salissent un peu. J'espère qu'Hydro-Québec sera intéressé car sinon, j'irai jusqu'à vendre cette technologie à des pays étrangers s'il le faut. Il serait triste de voir cette technolgie et toutes ses retombées économiques futures quitter le sol québécois. J'attends avec impatience une réponse. Merci de l'attention que vous porterez à ma lettre.

Après l'énergie atomique, voici l'énergie rat-omique,

Martin H. Landry
Martin H. Landry
1685, avenue Mailloux app. 5
Québec (Québec) G1J 4Z2

Q Hydro Québec

le 25 mars 1996

Hydro-Québec
Région Montmorency
5400 des Galeries
Québec, Qc
G2K 2B4

Monsieur Martin H. Landry
1685, ave. Mailloux, app. 5
Québec, Qc
G1J 4Z2

Monsieur,

Nous accusons réception de votre lettre du 22 mars. Nous sommes cependant au regret de vous informer que le mode de production que vous proposez ne présente pas d'intérêt pour l'entreprise.

Nous vous prions de recevoir, Monsieur, l'expression de nos meilleurs sentiments.

Claire Trépanier
Relations publiques

Québec, le 10 avril 1996

Hydro-Québec
Relations publiques
Mme Claire Trépanier
5400, boul. des Galeries
Québec (Québec) G2K 2B4

Mme Claire Trépanier,

Chère madame, je vous remercie d'avoir répondu à ma lettre du 22 mars. Dans cette lettre, je vous le rappelle, j'étais intéressé à vendre ma technologie à Hydro-Québec. Cette technologie, unique au monde, consiste à produire de l'électricité à partir de rongeurs actionnant une mini-turbine. Je dois vous dire, chère madame, que j'ai été très déçu par votre manque d'intérêt envers mon idée.

Étant donné qu'Hydro-Québec ne veut pas acheter mon idée, j'ai mis sur la glace mon projet en attendant d'autres acheteurs. J'ai entreposé ma cage de rongeurs et la mini-turbine qui va avec. J'ai donc dû me défaire des rongeurs qui étaient dans la cage. Pour ne pas les retourner dans la nature, je me suis résigné à les offrir à mes deux chats, Ti-Gris et Ti-Noir. À cause de vous, mes chats pèsent maintenant plus de 25 livres chacun. Mais je ne vous en veux pas, car pendant plus de huit jours, ils étaient quand même les chats les plus heureux sur cette planète. Vous auriez vraiment ri de les voir courir après tous ces rongeurs dans le sous-sol! Si vous êtes intéressée, je peux vous envoyer une cassette-vidéo de ce carnage.

Je tenais aussi en vous écrivant, à vous soumettre mes autres projets producteurs d'électricité. J'aimerais que vous m'écrivez pour me dire laquelle de mes idées semble la plus intéressante pour Hydro-Québec. Comme cela, je pourrais alors concentrer mes énergies sur un seul projet au lieu de les disperser sur plusieurs qui risquent de n'intéresser personne. Tout d'abord, j'ai pensé à une gigantesque fourmillière dans laquelle les fourmis auraient à lever des charges magnétiques, produisant ainsi un champ magnétique pouvant être transformé en électricité. Utilisant le même principe, j'ai pensé à des lévriers ayant à leurs pattes des charges positives qui chasseraient un lapin sur une piste chargée négativement. Je vous remercie de l'attention que vous porterez à ma lettre.

En espérant que mes chats n'auront pas à manger des fourmis,

Martin H. Landry
1685, avenue Mailloux app. 5
Québec (Québec) G1J 4Z2

J'attends toujours une réponse

Québec, le 18 mars 1996

Ministère de l'Énergie et des Ressources
Direction des communications
5700, 4ᵉ Avenue Ouest
Charlesourg (Québec)
G1S 4X4

Madame, Monsieur,

Bonjour à vous. Excusez-moi si je vous écris lentement, c'est parce que je suis très fatigué. En effet, je suis en dépression présentement et cela me fatigue beaucoup. Mais je tenais quand même à vous écrire parce que je crois que vous pouvez m'aider.

Comme je manque présentement d'énergie et de ressources, alors qui de mieux que vous, qui travaillez au ministère de l'Énergie et des Ressources, pour m'aider? Vous devez sûrement connaître des trucs pour m'énergiser que ce soit avec des vitamines ou avec une Duracell, là où vous savez. J'ai consulté beaucoup de spécialistes, d'André Arthur à Jean-Luc Mongrain en passant par le docteur Chicoine. Mais malheureusement, aucun n'a pu m'aider et les autres m'ont raccroché au nez. Inutile de vous dire que je ne les écoute plus à la radio ni à la télévision.

En espérant que vous pourrez me donner des conseils pour me booster, me redonner le moral, j'attends avec impatience votre réponse à ma lettre. Devrais-je écrire à Hydro-Québec? Peuvent-ils aussi m'aider? Je vous remercie de l'attention que vous porterez à ma lettre.

Trop fatigué pour continuer à écrire,

Martin H. Landry

Martin H. Landry
1685, avenue Mailloux app. 5
Québec (Québec) G1J 4Z2

Charlesbourg, le 26 avril 1996

Monsieur Martin H. Landry
1685, avenue Mailloux, app. 5
Québec (Québec)
G1J 4Z2

Monsieur,

Nous avons bien reçu votre demande de renseignement et nous vous en remercions.

Nous tenons toutefois à porter à votre attention que, de par son mandat et la nature de ses activités, le Ministère ne peut malheureusement donner suite à votre demande.

Nous vous suggérons cependant de communiquer avec Communication-Québec pour obtenir des renseignements sur les programmes et les services gouvernementaux ou de communiquer avec le CLSC de votre localité où des personnes-ressources pourront peut-être vous fournir une réponse correspondant le mieux possible à vos attentes.

Veuillez agréer, Monsieur, mes sincères salutations.

Le chef du Service des renseignements
et du soutien aux communications,

Denys Guérard

Québec, le 22 mars 1996

Statistiques Canada
200, boul. René-Lévesque Ouest
Montréal (Québec)
H2Z 1X4

Bonjour à vous tous! Je vous écris car je suis à la recherche de statistiques plus incroyables les unes que les autres. Je veux en effet me rendre intéressant lors de soirées de famille ou de partys de bureau. Quoi de mieux que de glisser dans une conversation que l'on connaît la moyenne au bâton de Babe Ruth à sa première année dans le baseball professionnel? Ou encore que l'on sait combien de pouces fait le plus gros pénis en érection au monde. (Entre nous, j'aimerais comparer avec le mien.)

En espérant que vous allez me répondre en m'envoyant les statistiques les plus spéciales que l'on puisse trouver. Avec toutes ces statistiques, je vais enfin avoir du monde autour de moi lors de soirées. Je trouve ça vraiment ennuyant de passer le party de Noël caché derrière le sapin de peur de me faire voir tout seul.

Mais maintenant, grâce à vous, tout ça sera terminé. Toutes les femmes seront autour de moi, hypnotisées par mes histoires que je raconterai. Je vais pouvoir leur dire combien pèse la plus grosse personne sur la planète, combien un éléphant peut excréter de matières fécales dans une journée, combien de canadiens mesurent plus de 6 pieds, combien de bébés peut avoir une coquerelle dans une année, etc. Vous pouvez m'aider à faire de moi un objet sexuel, un aimant à femmes, moi qui encore aujourd'hui est vierge et trop gêné pour parler en public. Tout ça, grâce à vous et à vos statistiques qui feront en sorte que je pourrai parler en toute confiance, me sachant maintenant intéressant et entouré de femmes s'abreuvant de ma connaissance que vous m'aurez transmise. Je vous remercie de l'attention que vous porterez à ma demande.

En attendant votre réponse, je ne sors pas et je me masturbe,

Martin H. Landry
1685, avenue Mailloux app. 5
Québec (Québec) G1J 4Z2

Papier recyclé
Recycled Paper

Le 28 mars 1996

Monsieur Martin H. Landry
1685, ave. Mailloux, #5
Québec (Québec)
G1J 4Z2

Monsieur,

Par la présente, j'accuse réception de votre demande de statistiques datée du 22 mars dernier.

J'aimerais vous informer que Statistique Canada ne produit pas le genre de données que vous décrivez dans votre lettre. Pour vous donner une indication du rôle de cette agence statistique, vous trouverez ci-joint la brochure "Un coup d'oeil sur le Canada" qui présente les principales statistiques produites par notre organisme.

Bien que Statistique Canada offre un service de renseignements gratuits à la population canadienne, elle le fait à partir de ressources limitées. Votre demande utilise certaines de ces ressources qui auraient pu servir à répondre à une demande plus sérieuse.

Veuillez agréer, Monsieur Landry, l'expression de mes sentiments les meilleurs.

Guy Oddo
Directeur régional adjoint
Services-Conseils

Complexe Guy-Favreau
200, boul. René-Lévesque ouest
Tour Est, 4e étage
Montréal (Québec) H2Z 1X4
Tél.: (514) 283-5724

Guy-Favreau Complex
200 René-Lévesque Blvd. West
East Tower, 4th floor
Montréal, Quebec H2Z 1X4
Tel.: (514) 283-5724

Statistique   Statistics
Canada   Canada

Canadä

Un coup d'oeil sur le

CANADA

1995

Statistique Canada / Statistics Canada

civil

	1992	1993	Variatio en %
	398 642	388 394	-2
	204 378	199 744	-2
	194 264	188 650	-
	196 535	204 912	
	105 865	109 407	
	90 670	95 505	
	164 573	159 316	
	79 034	78 226	

de décès, 1993

	Nombre	%	T
	57 044	27,8	1
	56 192	27,4	1
	15 429	7,5	
	8 970	4,4	
	8 898	4,3	
uctives chroniques	7 047	3,4	
	5 021	2.4	
	3 803	1,8	
	42 508	21,0	
	204 912	100,0	

en fonction de l'âge, pour 100 000 habitants.

la loi

	1989	1993	
tions	2 425 936	2 736 096	
riété	1 443 048	1 599 250	
	248 579	310 187	
	734 309	826 659	

Certaines infractions

Homicide	657	630
Agression	174 703	223 736
Agression sexuelle	26 795	34 764
Vol qualifié	25 722	29 961
Introduction par effraction	348 430	406 582
Vol de véhicules automobiles	100 208	156 811
Vol de plus de 1 000 $	86 995	117 758
Fraude	122 633	113 054
Drogues	66 961	56 811

opul

ne
le agri
le non

Esp

mmes
À la n
À 20
À 40 ans
À 60 ans
À 80 ans

À 40 ans	17,15	19,90	9,42
À 60 ans	5,92	6,90	

Hommes

À la naissance	60,00	68,35	74,55
À 20 ans	49,05	51,51	55,58
À 40 ans	31,98	32,96	36,77
À 60 ans	16,29	16,73	19,35
À 80 ans	5,61	6,14	7,24

4

5

Québec, le 12 avril 1996

Statistiques Canada
M. Guy Oddo, directeur-général adjoint
200, boul. René-Lévesque Ouest
Montréal (Québec) H2Z 1X4

Monsieur Guy Oddo (êtes-vous propriétaire du resto Chez Guido?)

Bonjour cher monsieur Oddo. Tout d'abord, je vous écris pour vous remercier d'avoir répondu à ma lettre du 22 mars. Dans cette lettre, je vous le rappelle, je vous demandais des statistiques, les plus inusitées, pour faire de moi une personne plus intéressante et plus populaire lors de soirées.

Malheureusement, la brochure de statistiques que vous m'avez envoyée n'a pas fait de moi une personne très drôle lors du dernier party de bureau. En effet, j'ai réussi à faire fuir la seule femme qui m'a adressé la parole lorsque je lui ai dit que la rémunération hebdomadaire moyenne dans le secteur des industries manufacturières a subi une augmentation de 2,4 % de 1993 à 1994. Tout juste lorsque je finissais de lui mentionner cette statistique, elle m'a regardé d'une façon bizarre et m'a quitté pour aller rejoindre ses amies. Encore une fois, la femme que j'avais rencontrée devait être lesbienne. C'est alors que j'ai décidé de finir cette soirée dans un bar de danseuses. Là au moins, je peux dire tout ce que je veux tout en étant écouté.

Mais trêve de bavardage, si je vous écris, c'est aussi pour vous offrir mes services. En effet cher monsieur Oddo, je m'offre pour me promener à travers tout le Québec pour amasser des statistiques que vous ne pouvez faire vous-même. Je comprends que vous pouvez manquer de ressources, mais je peux combler cette lacune en offrant mes services bénévolement. Je me vois déjà en train de demander aux citoyens du Québec, plus précisément aux citoyennes, des informations pouvant servir à Statistiques Canada. Grâce à ce travail, je pourrais enfin cruiser toutes les femmes qui sont seules à la maison, tout en rendant service à Statistiques Canada. Alors, cher monsieur Oddo, j'attends impatiemment votre réponse et je vous remercie de l'attention que vous porterez à ma demande.

Avec ce travail, j'augmente le taux de naissances du Québec,

Martin H. Landry
1685, avenue Mailloux app. 5
Québec (Québec) G1J 4Z2

J'attends toujours une réponse

Québec, le 22 mars 1996

Protecteur du citoyen
2875, boul. Laurier
Sainte-Foy (Québec)
G1V 2M2

Bonjour à vous ! C'est un honneur pour moi d'écrire à des gens comme vous qui travaillez sans relâche pour protéger des gens en ces temps si violents. Malgré ce monde sans pitié dans lequel nous vivons, vous n'hésitez pas à assurer notre protection et ce, au péril de votre vie.

Mais justement, cher protecteur du citoyen, si je vous écris, c'est parce que j'ai besoin de vos services. En effet, dernièrement dans mon voisinage, des gens plutôt louches se sont installés. Comme je suis de nature peureuse et que je me méfie beaucoup de ces gens aux allures louches, je ne sors presque plus de chez moi. Je vis quasiment en réclusion depuis maintenant trois semaines. Je les observe avec leurs tatouages et leurs deux chiens de race doberman à partir de ma fenêtre et ils m'effraient. Une de ces personnes m'a même ri en pleine face lorsqu'il m'a surpris en train de les regarder.

Cher protecteur, ce que j'aimerais, c'est de recevoir une lettre de votre part dans laquelle vous diriez que vous allez venir faire des rondes dans mon voisinage, ou du moins une lettre disant que vous allez me protéger. Avec une telle lettre, je pourrais alors rire à mon tour de ces voyous qui pensent faire la loi. Je prendrais alors mon courage à deux mains et leur montrerais cette lettre qui saura les mettre à leur place. Ils sauront que vous êtes là pour me protéger, quoiqu'il arrive. À ce moment, ils me laisseront en paix et je pourrai enfin dormir tranquille. Je vous remercie de l'attention que vous porterez à ma requête.

En attendant, je continue de regarder par la fenêtre,

Martin H. Landry
1685, avenue Mailloux app. 5
Québec (Québec) G1J 4Z2

Sainte-Foy, le 26 mars 1996

Monsieur Martin H. Landry
1685, ave Mailloux
App. 5
Québec (Québec)   G1J 4Z2

Monsieur,

Le Protecteur du citoyen, Me Daniel Jacoby, a bien reçu votre lettre du 22 mars courant et il m'a confié le soin d'y répondre.

Cependant, nous aurions besoin de clarifier certains points concernant votre demande afin de pouvoir mieux vous renseigner. Nous n'avons pas votre numéro de téléphone, donc vous pouvez communiquer avec notre bureau à Québec au numéro 643-2688.

En attendant de vos nouvelles, je vous prie de recevoir, Monsieur, mes salutations les meilleures.

Diane Dubuc
Préposée aux renseignements

2875, boul. Laurier, 4e étage, Sainte-Foy (Québec) G1V 2M2   Téléphone : (418) 643-2688   Sans frais : 1 800 463-5070   Télécopieur : (418) 643-8759

3 1

Québec, le 25 mars 1996

Régie de l'assurance-dépôts du Québec
Communications/Relations publiques
800, Place d'Youville
Québec (Québec)
G1R 4Y5

Bonjour à vous, chers gardiens de sécurité de mes épargnes si durement gagnées. Si je vous écris, c'est que je veux obtenir des informations essentielles pour ma tranquillité d'esprit. Laissez-moi vous en dire un peu plus.

Depuis maintenant 45 ans, j'ai économisé une petite fortune sous mon matelas, sous des planches de mon plancher et dans de fausses conserves du garde-manger. J'ai, par contre, réalisé qu'il est très dangereux de conserver une si grande somme d'argent chez moi. J'ai alors décidé, après plusieurs hésitations, d'aller placer mes économies à la banque et à la Caisse Populaire.

Malheureusement, je suis de nature méfiante et je ne fais vraiment pas confiance à ces gérants et à ces caissières qui rouspètent parce que je leur fais remplir mes bordereaux et qui en plus fument dans ces endroits publics. C'est par peur de mettre toutes mes économies dans le même compte et d'avoir affaire avec les mêmes employés que j'ai décidé de déposer mes économies dans 187 comptes différents. De cette façon, j'ai réduit l'impact qu'aurait un vol d'un de mes comptes sur mes économies.

Mais il y a un léger problème : 187 différentes banques et Caisses Populaires, ça fait long quand tu veux faire une mise à jour de tes livrets de banque. La dernière fois, ça m'a pris cinq semaines. Le problème, c'est que je dois faire une mise à jour de mes livrets à chaque mois. Pour régler le problème, j'ai effectué plusieurs recherches et j'ai entendu dire que nos comptes sont assurés par vous, la régie de l'assurance-dépôts du Québec. Je veux donc en savoir plus et je vous demande de m'envoyer toutes les informations à propos de vos services. Je vous remercie de l'attention que vous porterez à ma demande.

Encore en train de faire mes mises à jour de mes livrets,

Martin H. Landry

Martin H. Landry
1685, avenue Mailloux app. 5
Québec (Québec) G1J 4Z2

**Régie de
l'assurance-dépôts
du Québec**

Québec, le 26 mars 1996

Monsieur Martin H. Landry
1685, ave Mailloux, app. 5
Québec (Québec) G1J 4Z2

OBJET :   La protection de l'assurance-dépôts du Québec

Monsieur,

Nous accusons réception de votre lettre du 25 mars 1996.

En réponse à cette dernière, la Régie garantit à toute personne qui fait un dépôt au Québec, dans une institution inscrite, le remboursement de ce dépôt et des intérêts courus, jusqu'à concurrence de 60 000 $ par personne par institution.

Vous trouverez ci-joint le dépliant explicatif sur l'assurance-dépôts du Québec.

Nous demeurons à votre disposition pour de plus amples informations, veuillez agréer, Monsieur, l'expression de nos sentiments les meilleurs.

Normand Côté
Secrétaire de la Régie

p.j.

800, place D'Youville
Québec (Québec)
G1R 4Y5

Québec, le 16 avril 1996

Le Club de hockey Les Canadiens de Montréal
Relations publiques
1260, de la Gauchetière Ouest
Montréal (Québec) H3B 5E8

Bonjour, sacrée bande de sportifs ! Je me permets de vous écrire cette lettre à titre de très grand admirateur du club de hockey Les Canadiens de Montréal. Je tiens à vous féliciter pour cette saison régulière où vous avez réussi à bien performer malgré les chambardements que vous avez vécus. Vous avez, entre autres, changé de directeur général, d'entraîneurs, échangé plusieurs joueurs dont Patrick Roy et en plus, vous avez déménagé dans le nouveau Centre Molson. J'espère de tout mon cœur que vous irez loin dans les présentes séries éliminatoires et je vous souhaite bonne chance.

Je vous écris aussi pour vous faire quelques suggestions. Tout d'abord, pour intéresser plus de femmes au hockey, vous pourriez faire jouer régulièrement deux ou trois femmes dans votre équipe. Vous pourriez faire un concours du genre « Devenez joueur d'un soir ». Les gagnants de ce concours auraient la chance de jouer un vrai match en saison régulière dans l'uniforme des Canadiens. Ce serait vraiment drôle de voir un amateur patiner tout croche, rater les passes et se faire ramasser dans la bande par les plus gros joueurs de la ligue. Bien sûr, les autres équipes de la ligue devraient respecter ces règles pour ne pas désavantager votre équipe.

De plus, pour rendre le hockey un peu plus excitant pour les amateurs, on obligerait les joueurs à jouer sans casque, y compris les gardiens de but. Voir un joueur recevoir un *slap shot* de 85 milles/heure en plein front, voilà ce que j'appelle en avoir pour son argent. Et pour ceux qui aiment les bons plaquages, vous pourriez mettre des barbelés dans les coins de patinoire au lieu des actuelles baies vitrées. Enfin on pourrait vraiment voir et sentir, c'est quoi pour un joueur de se faire ramasser dans le coin de la patinoire. Aussi, vous pourriez utiliser des buts plus grands, comme ceux utilisés au soccer. On verrait alors c'est quoi un bon gardien de but. Voilà, ce sont mes suggestions. Je vous remercie de l'attention que vous porterez à ma lettre. J'espère que vous serez vite sur vos patins pour me répondre !

Je suis bien content que les Nordiques soient déménagés,

Martin H. Landry
Martin H. Landry
1685, avenue Mailloux app. 5
Québec (Québec) G1J 4Z2

Le 28 mai 1996

Monsieur Martin H. Landry
1685, avenue Mailloux, #5
Québec (Québec)
G1J 4Z2

Cher Monsieur,

Nous avons bien reçu votre récente lettre et pris bonne note vos suggestions qui ont été transmises à qui de droit.

Nous vous remercions de l'intérêt que vous portez à notre organisme et vous prions d'agréer nos salutations les plus cordiales.

Le vice-président
Communications et Services de marketing,

Bernard Brisset

Centre Molson
1260, rue de La Gauchetière Ouest
Montréal (Québec)
H3B 5E8
Administration
1275, rue Saint-Antoine Ouest

Téléphone : (514) 932-2582
http://www.centre-molson.ca

Québec, le 16 avril 1996

Société québécoise de développement de la main-d'œuvre
Relations publiques/Communications
425, rue Saint-Amable
Québec (Québec)
G1R 5T7

Chers développeurs de main-d'œuvre,

Bonjour à vous. Si je vous écris, c'est pour vous demander un très grand service et j'espère fortement que vous allez pouvoir m'aider.

J'aimerais beaucoup gagner ma vie grâce à mes mains. J'ai essayé de travailler du côté administratif mais, ce que j'aime, ce sont des travaux manuels. J'aimerais beaucoup, par exemple, gagner ma vie en réalisant des sculptures ou même des peintures. Mais malheureusement, comme ma mère me disait toujours, j'ai des mains pleines de pouces. À vrai dire, je ne suis pas très habile de mes mains. J'ai même deux mains gauches, à ce qu'il paraît. Mais grâce à vous, mon rêve de travailler de mes mains pourra se réaliser.

Oui, vous qui êtes des spécialistes dans le développement des mains d'œuvre, je vous demande de m'aider à transformer mes mains malhabiles en mains d'œuvre. Grâce à vos programmes de développement de mains d'œuvre, mes mains pourront devenir des mains d'artistes pour justement créer et réaliser des œuvres. Je ne sais vraiment pas comment vous vous y prendrez pour y arriver, mais je sais que vous avez beaucoup de programmes de formation et de développement de mains d'œuvre. Je vous écris justement pour obtenir la liste de ces programmes et voir si je peux m'y inscrire.

Grâce à vous, tous ceux qui ont ri de moi parce que j'échappais tout ce que je mettais dans mes mains, le regretteront. Surtout lorsqu'ils verront mes œuvres, faites de mes mains, exposées dans les plus grands musées du monde. Aussi, je vais enfin pouvoir me décrotter le nez moi-même et me servir d'un couteau sans me blesser. J'ose à peine croire que mon rêve deviendra sous peu réalité. Je vous remercie de l'attention que vous porterez à ma lettre.

En attendant mes mains d'œuvre, je sculpte avec mes blocs Lego,

Martin H. Landry
Martin H. Landry
1685, avenue Mailloux app. 5
Québec (Québec) G1J 4Z2

SOCIÉTÉ QUÉBÉCOISE
DE DÉVELOPPEMENT
DE LA MAIN-D'OEUVRE

Montréal, le 12 décembre 1996

Monsieur Martin H. Landry
1685, avenue Mailloux, appartement 5
Québec, Québec
G1J 4Z2

Monsieur,

Je suis désolée que vous n'ayez pas eu de réponse à la demande logée en avril dernier dans laquelle vous souhaitiez obtenir la liste de nos programmes et je vous présente nos plus sincères excuses.

La Société québécoise de développement de la main-d'oeuvre (SQDM) compte une cinquantaine de points de services au Québec. Grâce à nos services téléphoniques d'accueil, d'information et de référence, tous les citoyens peuvent prendre connaissance rapidement des programmes et les services offerts dans leur région.

Comme vous êtes résident la ville de Québec, je vous invite à communiquer avec le bureau de la SQDM de Québec au (418) 687-3540; un de nos conseillers se fera un plaisir de vous renseigner sur la formation que vous voulez suivre et sur les services auxquels vous pourriez être admissible.

Je vous souhaite beaucoup de succès dans la réalisation de vos projets et vous prie de recevoir l'expression de mes sentiments les meilleurs.

La directrice des affaires publiques,

Micheline Demers

800, Place Victoria, Bureau 2900, ... 1892

Québec, le 10 décembre 1996

T.J. Lipton
Service aux consommateurs
160, Bloor Street
Bureau 1500
Toronto (Ontario)
M4W 3R2

Bonjour à vous, mes chers fabricants de merveilleux produits alimentaires. Vous qui produisez, entre autres, ces délicieuses soupes qui me réchauffent moi et mes deux chats lorsque nous revenons de notre marche quotidienne de 1,2 km. En passant, vous devriez voir les magnifiques tuques et bottines que j'ai confectionnées moi-même pour mes deux chats, Ti-Gris et Ti-Noir. Ils sont vraiment *cutes* à voir tout habillés ! C'est surtout pratique l'hiver alors qu'ils doivent marcher à travers la neige. Je viens de commencer à leur faire des raquettes, mais elles ne sont pas encore finies. Mais là n'est pas la raison de vous écrire, je m'éloigne de mon sujet, j'y reviens.

Le pourquoi de cette lettre est que je m'inquiète beaucoup à propos d'un de vos produits alimentaires, soit les cubes de bœuf OXO. J'ai lu dans une revue quelconque que ces cubes pouvaient être produits en Angleterre. Et depuis que l'on sait qu'il y a la maladie des vaches folles dans ce pays, cela m'inquiète au plus haut point. Est-ce possible que moi ou mes chats ayons attrapé cette maladie avec vos cubes OXO ? Je me vois mal devenir une vache folle. Imaginez, je brouterais de l'herbe tout en divaguant !

Non mais sérieusement, je suis inquiet car j'utilise beaucoup ces cubes de bœuf. Je fais souvent des bouillons et j'en donne à boire à mes deux chats. Ils n'ont jamais bu d'eau ou de lait. Rien que du bouillon de bœuf ou de poulet fait à partir de cubes OXO. Cela les aide à développer une musculature assez impressionnante, tellement que je songe à les inscrire à des combats de chien. Bien qu'illégaux, ces combats peuvent rapporter gros et mes deux chats pourraient facilement devenir toute une attraction.

Alors si des vaches peuvent attraper cette maladie, je m'inquiète pour mes chats. Je vois déjà avec horreur tous les revenus de combats perdus à cause d'une maladie qui pourrait être transmise à mes chats par vos cubes OXO. Alors, j'attends de vous une lettre qui me sécurisera. J'espère que ce que j'ai lu ne soit pas vrai. Je vous remercie de l'attention que vous porterez à ma lettre.

Bientôt mes deux chats à la télévision sur *Pay-per-view*,

Martin H. Landry
1685, avenue Mailloux app. 5
Québec (Québec) G1J 4Z2

Lipton

Thomas J. Lipton

Suite 1500
160 Bloor Street East, Toronto, Ontario, Canada M4W 3R2

Telephone (416) 964-7255 Facs (416) 964-7694

Consumer Response Centre
December 18, 1996

M. Martin Landry
1685, ave. Mailloux, #5
Québec, PQ   G1J 4Z2

Dear M. Landry:

Thank you for your inquiry regarding our OXO products. Since there has been so much information in the recent media coverage surrounding BSE, we are pleased that you took the time to contact us for clarification.

OXO Sachets, OXO Liquid and OXO Powder are all made right here in Canada using non-UK beef. Only the OXO "Crumble Cubes" are manufactured in the UK under strict European Union (EU) methods. The EU requires that beef stock must be prepared at a minimum of 100 degrees Celsius for 25 minutes 'with a view to the inactivation of BSE'. We prepare our OXO Crumble Cubes for 70 minutes at a minimum temperature of 132 dgrees C.

However, we appreciate and understand your concern at this time and we are pleased to offer an alternate choice of OXO products (sachets, liquid, powder) that are manufactured in Canada.

We at Thomas J. Lipton wish to assure you that the safety and quality of all our products continues to be our first priority. We value your continued support and are always prepared to assist with your inquiries at our Consumer Response Centre at 1-800-565-7273.

Sincerely,

Bridget Wilson
Consumer Relations Facilitator

A Division of U L Canada Inc.

Québec, le 12 décembre 1996

Cégep de La Pocatière
Service aux étudiants
140, 4ᵉ Avenue
La Pocatière (Québec) G0R 1Z0

Bonjour à vous, mes chers serviteurs de ces étudiants qui seront un jour à la tête de cette terre peuplée par les humains, nos amis les animaux et qui sait, peut-être aussi par des extraterrestres se cachant sous une forme humaine. Je suis sûr que vous prenez à cœur toutes les demandes de vos étudiants. J'espère que vous ferez pareil avec moi, bien que je ne sois pas encore un de vos élèves.

Je souhaite de tout mon cœur m'inscrire au cours de techniques en santé animale qu'offre votre cégep. Mais avant de m'inscrire à ce programme d'études, j'ai quelques questions à vous poser. Tout d'abord, sachez que je suis un amoureux de l'espèce animale. Je vis présentement avec deux chats, une tarentule, trois hamsters, un iguane et quelques coquerelles. Je les aime tous et je m'amuse beaucoup avec eux, plus particulièrement avec les coquerelles. Surtout depuis que je leur ai fait une mini-patinoire. En effet, sur une plaque d'aluminium de 12 pouces par 7, je fais geler de l'eau et j'y dessine des lignes rouges et bleues. J'ai même fait des petits filets dans lesquels les coquerelles peuvent compter un but en y tirant un croûton à l'ail. J'ai, par contre, des difficultés à les faire jouer en équipe, même si je les ai séparées en deux groupes, les « bleus » et les « rouges ». Elles ne semblent pas voir le vernis à ongles que je leur ai mis sur leur dos.

Mais venons au but de cette lettre. J'aimerais être utile aux animaux, pouvoir les comprendre mieux et éventuellement devenir vétérinaire. J'aimerais savoir si votre cours en santé animale est essentiel pour devenir vétérinaire. Aussi, quels sont les débouchés sur le marché du travail pour les techniciens que vous formez. Quels sont les cours du programme ? Faut-il avoir complété son secondaire ? Si non, faut-il avoir complété son école primaire ? Bien que je n'ai pas un excellent dossier académique, sachez que j'ai un esprit très scientifique. J'ai effectué plusieurs études sur des chats, dont une portant sur la possibilité d'échanges sexuels entre chats et lièvres, et entre chats et humains. J'ai arrêté cette dernière étude après avoir été griffé très sévèrement. Mais je veux ici vous démontrer que je peux très bien faire des études animales et que je me vois très bien en scientifique.

Je vous remercie de l'attention que vous porterez à ma lettre et j'attends impatiemment une réponse de votre part.

J'espère que ma femme ne verra pas les traces de griffes,

Landry Landry
1685, avenue Mailloux app. 5
Québec (Québec) G1J 4Z2

Information scolaire et professionnelle

La Pocatière,

Bonjour,

La présente a pour but de répondre à votre demande d'information sur le Cégep de La Pocatière, son programme de **Techniques de santé animale (145.03)** et ses activités de vie étudiante. Vous trouverez ci-joint un exemplaire de notre Prospectus 1997-1998 et les documents suivants:

1.   Le profil du Cégep de La Pocatière tiré de Cégepprofil 1997 (Service régional d'admission au collégial de Québec);

2.   Les caractéristiques de notre programme de Techniques de santé animale (145.03), cf. Prospectus 1997-1998;

3.   Notre programme d'études en Santé animale : un passeport pour l'avenir;

4.   Les exigences minimales académiques;

5.   Les caractéristiques de l'intégration au marché du travail de nos finissantes et finissants en Santé animale (promotion 1994-1995);

6.   Les renseignements concernant notre service de logement.

Si ce programme d'études techniques vous intéresse, n'hésitez pas à entrer en communication avec nous; car il sera possible d'obtenir des informations supplémentaires par le biais d'activité d'accueil.

Le responsable de notre programme de Santé animale, ceux du logement, de l'admission et de l'information scolaire et professionnelle seront heureux d'y répondre. Il est cependant préférable de prendre un rendez-vous quelques jours à l'avance au bureau du signataire au (418) 856-1525, poste 202.

Au plaisir de vous rencontrer

Benoît Boucher
Conseiller en information scolaire et professionnelle

BB/rl

4 1

Québec, le 18 décembre 1996

Commission d'accès à l'information du Québec
Relations publiques
900, boul. René-Lévesque Est
Québec (Québec) G1R 2B5

Bonjour à vous, mes chers commissaires, qui permettez aux citoyens d'avoir accès à des informations. Justement, si je vous écris, c'est pour vous demander des informations qui feront de moi «la personne» qui saura résoudre tous ces mystères qui nous entourent. Lorsque j'ai vu qu'il y avait une commission d'accès à l'information au Québec, je me suis dit que j'étais près du but.

Depuis maintenant six ans, je travaille à résoudre différents mystères et crimes et à trouver différents secrets industriels. Je veux rassembler toute la vérité sur ces différents sujets en un livre qui me rendrait riche et célèbre. Je me vois déjà sur la couverture de nombreux magazines et recevoir le titre de *Man of the year*. Mais voilà, mon travail acharné ne m'a jusqu'ici pas donné grand-chose. C'est pourquoi je fais appel à vos services.

Vous qui avez justement accès à l'information, vous pouvez me dévoiler des secrets, me fournir des informations cruciales qui me manquent. En ajoutant ces faits nouveaux à mes enquêtes, je pourrais peut-être résoudre des mystères et enfin publier mon livre. Je vais donc vous dévoiler les sujets de mes enquêtes et en retour, je vous demande de me dire tout ce que vous savez sur ces sujets.

Voici donc les sujets sur lesquels j'enquête : l'assassinat de J.F. Kennedy, la «mort» d'Elvis Presley, les accusations d'attouchements contre Michael Jackson, la culpabilité d'O.J. Simpson, la disparition de l'Atlantide, le Triangle des Bermudes, le «suicide» de Marylin Monroe, la transformation de Francis Martin en James K. Field, les dons de voyance de Jojo Savard, le secret de la Labatt Bleue, la façon de mettre le caramel dans la Caramilk, l'existence d'extra-terrestres et la «chevelure» de Patrick Normand. J'ai déjà ma petite idée sur ces mystères, mais j'attends des confirmations et des preuves avant de publier quoi que ce soit.

Je termine cette lettre en espérant que vous allez pouvoir m'aider et me fournir les preuves qui me manquent. Croyez-moi, je suis très près du but. Après tout, les citoyens de cette terre ont le droit de savoir toute la vérité. Je vous remercie de l'attention que vous porterez à ma lettre.

Elvis n'est pas mort, il travaille au Zellers de Place-Laurier,

Martin H. Landry

Martin H. Landry
1685, avenue Mailloux app. 5
Québec (Québec) G1J 4Z2

◆

Demande de révision

Demande d'examen de mésentente

GUIDE

Ci-joint, de la documentation générale sur la Commission d'accès à l'information et les lois qu'elle administre.

Commission d'accès à l'information du Québec

Siège social
900, boulevard René-Lévesque Est
Bureau 315
Québec (Québec) G1R 2B5

Téléphone: (418) 528-7741   Télécopieur: (418) 529-3102

LE CHEMINEMENT DU DOSSIER

LE DÉROULEMENT DE L'AUDIENCE

Commission d'accès à l'information du Québec

INFO-CONSEILS SUR LA
CONFIDENTIALITÉ DES
RENSEIGNEMENTS
PERSONNELS

AOÛT 1996

CONTACT

LA COMMISSION D'ACCÈS À L'INFORMATION DU QUÉBEC EN 1995 - 1996 **SON RAPPORT ANNUEL EN BREF**

LA COMMISSION ET SA FONCTION ADJUDICATIVE

Au cours de l'exercice 1995-1996, la Commission d'accès à l'information a connu un essor intéressant dans sa fonction adjudicative. La désignation par l'Assemblée nationale de deux nouveaux commissaires constitue la première manifestation de ce développement. Attendues depuis l'entrée en vigueur de la **Loi sur la protection des renseignements personnels dans le secteur privé** en janvier 1994, ces nominations ont permis de rattraper un retard important dans la tenue d'audiences et de revenir à un rythme de croisière plus normal.

En outre, l'introduction d'un «rôle spécial» en septembre 1995 est venue accélérer cette expérience de rattrapage. Son but est d'amener des parties à rétablir le dialogue entre elles après parfois une longue période et à régler le litige qui les sépare. Après seulement quatre séances, le «rôle spécial» a permis de faire le point sur 96 dossiers.

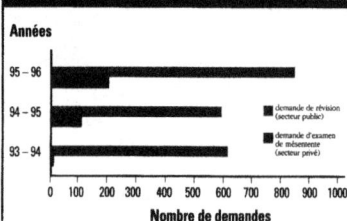

ÉVOLUTION DES DEMANDES DE RÉVISION ET D'EXAMEN DE MÉSENTENTE TRAITÉES PAR LA COMMISSION

Enfin, la tendance à l'utilisation de la médiation comme solution de règlement rapide des différends juridiques s'est confirmée. Elle semble correspondre au souhait à la fois des citoyens, des entreprises privées, et même des administrations publiques. Des considérations économiques et une certaine sagesse semblent motiver leur préférence. Le tableau ci-haut montre l'évolution des demandes de révision ou d'examen de mésentente traitées par la Commission au cours des trois dernières années.

LA COMMISSION ET SA FONCTION SURVEILLANCE ET CONTRÔLE

Les mandats additionnels qui se sont imposés à la Commission depuis l'entrée en vigueur de la **Loi sur la protection des renseignements personnels dans le secteur privé** l'ont obligée à revoir ses façons de faire en matière de surveillance et de contrôle. C'est ainsi que, lorsque cela est souhaitable, plutôt que d'intervenir à la pièce, la Commission privilégie une approche globalisante axée sur des problématiques. Pour l'essentiel, au cours de l'année 1995-1996, elle a dirigé ses interventions à ce chapitre sur les questions résumées ci-après. Au surplus, comme par le passé, elle a traité un certain nombre de plaintes cas par cas, de nombreuses demandes d'informations de même que plusieurs demandes en vue d'autoriser la communication de renseignements personnels à des fins de recherche.

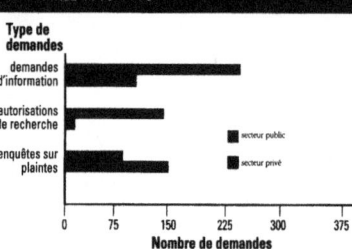

DEMANDES TRAITÉES PAR LA COMMISSION EN MATIÈRE DE SURVEILLANCE ET DE CONTRÔLE AU COURS DE L'ANNÉE 1995-1996*

* En outre, la Commission et Communication-Québec ensemble ont répondu à plus de 16 000 demandes de renseignements téléphoniques.

LES IDENTIFIANTS ET LE CRITÈRE DE NÉCESSITÉ

Depuis les quinze dernières années, la Commission est intervenue à plusieurs reprises pour freiner la tendance des organismes publics et des ministères qui avaient pris l'habitude de demander et de colliger des identifiants sans justification précise. Comme l'exige la loi, chaque cas a été analysé par la Commission sous l'angle de la nécessité de recueillir tel ou tel renseignement d'identité. À la suite de ses avis, deux lois ont même interdit qu'on puisse exiger la carte d'assurance-maladie ou le permis de conduire à des fins d'identification, limitant d'autant l'usage de ces cartes aux seules fins pour lesquelles elles ont été émises.

Au chapitre des entreprises de biens et de services, la problématique se situe autour de la collecte des identifiants requis pour fins de contrats. Le traitement de plusieurs plaintes a permis à la Commission de développer une connaissance précieuse de ce secteur d'activités de même que des difficultés d'application de la **Loi sur la protection des renseignements personnels dans le secteur privé** dans une société qui ne dispose pas d'une carte d'identité obligatoire.

Commission d'accès à l'information du Québec

Siège social
900, boul. René-Lévesque Est
Bureau 315
Québec (Québec) G1R 2B5
Téléphone : (418) 528-‑‑ t1
Télécopieur : (418) 529-3102

Bureau de Montréal
2, Complexe Desjardins, Bureau 3210
B.P. 122, Succursale Desjardins
Montréal (Québec) H5B 1B2
Téléphone : (514) 282-6346
Télécopieur : (514) 844-6170

Québec, le 25 mars 1996

Le Docteur Baignoire
1904, boul. Père-Lelièvre
Québec (Québec) G1P 2W7

Bonjour cher Docteur Baignoire. Je me permets de vous écrire cette lettre en espérant que vous me répondrez malgré votre horaire déjà si chargé. Mais laissez-moi tout d'abord me présenter.

Mon nom est Martin, je suis âgé de 15 ans, je vais à l'école et je suis en secondaire III. Je suis encore jeune mais déjà je dois essayer de trouver ce que je veux faire plus tard. J'aimerais devenir docteur mais je ne crois pas avoir d'assez bonnes notes pour être accepté en médecine et je ne suis pas intéressé à étudier en médecine vétérinaire.

Je veux quand même réaliser mon rêve: devenir docteur. Depuis que je suis tout jeune que j'y pense. J'aimerais travailler habillé avec un sarrau et un stéthoscope dans le cou et charmer toutes ces infirmières qui travailleraient avec moi. Donc, si je ne peux pas étudier en médecine, j'aimerais faire comme vous, devenir un Docteur Baignoire.

J'ai plusieurs questions pour vous. J'aimerais que vous m'écriviez comment devenir docteur pour les baignoires, quels cours vous avez suivis, et est-ce que les cours se donnent au Canada? J'ai fait des recherches à mon école et je n'ai absolument rien trouvé à ce sujet. Est-ce que c'est difficile ce que vous faites? Cher Docteur Baignoire, mon rêve est entre vos mains. Vous pouvez me dire comment devenir docteur et je suis prêt à travailler pour vous cet été, je pourrais être un apprenti-Docteur Baignoire. Cela m'aiderait à être accepté à une école de docteurs en baignoire, surtout si c'est contingenté. Dites-moi aussi si je pourrais avoir une bourse d'études de Réno-Dépôt ou de tout autre fournisseur. Vous devez les connaître assez bien. Cher docteur, je vous remercie de l'attention que vous porterez à ma lettre.

J'ai « bain » hâte d'avoir une réponse à ma lettre,

Martin H. Landry
1685, avenue Mailloux app. 5
Québec (Québec) G1J 4Z2

J'attends toujours une réponse

Québec, le 20 janvier 1997

Hostess Frito-Lay
Service à la clientèle
Boîte postale 40
Cambridge (Ontario) N1R 5S9

Bonjour à vous, mes chers fabricants de chips. Il me fait plaisir de vous envoyer cette lettre pour vous remercier et aussi pour vous poser quelques questions. Tout d'abord, je vous remercie pour vos fameuses chips Ruffles «crème sûre et oignons». J'en mange au moins trois sacs par jour, ce qui me permet d'avoir la quantité requise de produits laitiers et de légumes à chaque jour grâce à la crème sûre et aux oignons de vos chips. De plus, vos pommes de terre elles-mêmes font un excellent féculent. Il va sans dire qu'un gros bol de vos chips constitue un repas complet et ceux qui disent le contraire sont de parfaits imbéciles qui méritent la castration.

Ceci dit, j'ai maintenant des questions à vous poser. J'ai pris quelques minutes de mon temps précieux durant une émission plate à la télévision pour lire l'information nutritionnelle que vous inscrivez à l'endos de vos sacs de chips. Moi qui porte une attention toute particulière à mon alimentation, — jai suivi des cours de nutrition —, cela m'a intéressé au plus haut point et m'a amené les questions suivantes :

- Quel est le rôle exact de l'acétate de sodium? Est-ce pour garder vos chips fraîches 6 mois même à la température de la pièce?
- Trouvez-vous que 0% de l'apport quotidien recommandé en vitamine A qu'apportent vos chips est suffisant?
- 10 grammes de matières grasses sur une portion de 28 grammes, vous ne trouvez pas que c'est beaucoup?
- Quand je vois tous les acides que contiennent vos chips (lactique, citrique et acétique), y a-t-il un danger à long terme de manger vos chips à main nue?

Pour terminer, j'aimerais aussi savoir si c'est possible de visiter l'endroit où vous faites vos chips. J'aimerais beaucoup discuter avec vos cuisiniers et voir leurs façons de travailler. Je planifie présentement les prochaines vacances familiales et on aimerait beaucoup voir vos cuisines. Après tout, c'est de chez vous que partent les boutons d'acné de mes deux adolescents! Je vous remercie de l'attention que vous porterez à cette lettre.

Trois sacs de Ruffles par jour éloignent le docteur pour toujours,

Martin H. Londry
Martin H. Landry
1685, avenue Mailloux app. 5
Québec (Québec) G1J 4Z2

THE HOSTESS FRITO-LAY COMPANY
a division of Pepsi-Cola Canada Ltd.

Le 29 janvier 1997

Monsieur Martin Landry
1685 Avenue Mailloux #5
Québec, QC G1J 4Z2

Monsieur:

Nous vous remercions vivement d'avoir pris le temps de nous écrire vos compliments au sujet des croustilles Ruffles "crème sûre et oignons". Ici, à Hostess Frito-Lay nous nous appliquons tous à garder nos croustilles les meilleures possible, de la plus haute qualité, et les mieux aimées au monde. Nous sommes tous très heureux de savoir que notre travail assidu et nos standards élevés sont reconnus et appréciés par ceux dont l'opinion nous est de la plus grande importance.

Le rôle de l'acétate de sodium est pour intensifier la saveur et non pour garder les croustilles fraîches. Nous n'ajoutons aucune vitamines dans nos produits. Celles présentent proviennent naturellement du produit. Les acides lactique, citrique et acétique sont des ingrédients naturels. Ces ingrédients sont présent dans les légumes, les fruits et les produits laitiers.

Encore merci de nous avoir écris, c'est toujours un plaisir d'avoir des nouvelles de nos fidèles clients d' Hostess Frito-Lay.

Veuillez agréer, Monsieur, l'expression de nos sentiments bien dévoués.

HOSTESS FRITO-LAY
Centre Consommateurs

P.J. : 3 Coupons pour un sac de 150g à 400

638370

Québec, le 23 janvier 1997

Gendarmerie Royale du Canada
Relations publiques
1200, Promenade Vanier
Ottawa (Ontario) K1A 0R2

Chers mâles sur des étalons,

Bonjour, je vous écris pour vous demander des informations à propos d'une carrière dans la GRC. Moi qui rêve depuis mon adolescence de travailler assis sur un puissant étalon, tout en étant habillé en culottes serrées et entouré de tous ces hommes en uniforme, je suis excité rien que d'y penser.

Je dois même vous avouer que parfois j'ai des fantasmes où je me vois comme policier de la GRC. Par exemple, un de mes fantasmes est d'arrêter un homme après une folle poursuite à pied. L'homme, plutôt bien bâti, résiste et je dois me battre avec lui. Durant cette épreuve de force, nos deux corps chauds, recouverts de sueur, se touchent pour provoquer chez moi une excitation hors du commun. Après plusieurs efforts, je réussis à le contrôler et à le menotter. C'est alors que j'abuse de lui, en échange de sa liberté. Ce n'est qu'un joli rêve, me diriez-vous. Mais il faut bien rêver pour avoir le cœur gai, n'est-ce pas ?

Comme vous voyez, je rêve de joindre vos rangs et de faire carrière dans vos services. J'aimerais beaucoup que vous m'envoyiez toutes les informations concernant la sélection et l'embauche d'un candidat à la GRC. Quels sont vos critères de sélection ? Doit-on être de telle grandeur, de telle grosseur ? (Je ne parle pas ici du pénis, bien que si vous êtes exigeant de ce côté, je risque de vous impressionner !) Avez-vous des séances d'initiation, un peu comme celle des membres du peloton des Forces armées canadiennes que l'on a vue aux nouvelles ? J'aimerais bien être initié par plusieurs jeunes hommes qui m'obligeraient à me dévêtir devant eux et qui me cracheraient au visage.

Alors, j'espère que vous serez en mesure de répondre à mes questions. Je suis impatient de voir si je suis fait pour devenir un bon policier de la Gendarmerie Royale du Canada. Je vous remercie de l'attention que vous porterez à ma lettre.

C'est mon père qui va être surpris si j'entre à la GRC,

Martin H. Landry
Martin H. Landry
1685, avenue Mailloux app. 5
Québec (Québec) G1J 4Z2

J'attends toujours une réponse

Québec, le 21 janvier 1997

Hôtel Loews Le Concorde
Relations publiques
1225, Place Montcalm
Québec (Québec) G1R 4W6

Chers magnifiques hôtes et hôtesses,

Il me fait extrêmement plaisir de vous envoyer cette lettre pour vous demander un service. Étant déménagé depuis peu à Québec, j'ai revu avec nostalgie la silhouette de votre hôtel à travers le paysage des plaines d'Abraham. Je dois vous dire avec franchise que c'est dans votre hôtel que j'ai eu ma première relation sexuelle. C'était d'ailleurs avec trois de vos employés.

Le service que je tiens à vous demander est le suivant. Depuis ce moment important de ma vie, énuméré ci-haut, j'ai une fixation, voire une obsession de votre hôtel. À chaque fois que je le vois, je revis ma première relation. Je revois ces gens rire autour de moi, avec leur fouet, leur masque de cuir, la crème fouettée partout dans la chambre, ainsi que ce bain rempli de toute cette boisson enivrante. Quelquefois, lorsque je me penche, j'ai encore des douleurs au dos me rappelant cette première nuit d'amour. Bien que j'ai adoré l'expérience, j'aimerais quand même exorciser cette obsession. Mon thérapeute m'a conseillé de louer une chambre d'hôtel chez vous et d'y vivre une nuit très tranquille. J'irais me reposer et dormir seul une nuit complète, sans aucun partenaire. De cette façon, je ne conserverais de votre hôtel qu'un bon souvenir. Cela m'aiderait à vaincre mon obsession et me permettrait d'avoir dorénavant une vie sexuelle plus normale. Ma conjointe commence à en avoir assez de tous mes fantasmes. D'autant plus qu'elle trouve que toute cette crème fouettée commence à rendre sa peau grasse.

Pour m'aider dans ma réhabilitation, j'aimerais donc que vous m'envoyiez la liste des tarifs de vos chambres. Avec un peu de bonté de votre part, peut-être aurais-je un prix de chambre spécial? De plus, j'aimerais que vous me dites si vous avez déjà reçu des demandes comme la mienne. J'ose à peine m'imaginer que je suis le seul à vous avoir raconté des détails si intimes. Je vous remercie de l'attention que vous porterez à ma demande.

Je ne suis pas capable de dormir sans ma casquette de cuir,

Martin H. Landry
Martin H. Landry
1685, avenue Mailloux app. 5
Québec (Québec) G1J 4Z2

Québec, le 7 mars 1997

Hôtel Loews Le Concorde
Mme Renée Gosselin
1225, Place Montcalm
Québec (Québec) G1R 4W6

Chère madame Gosselin,

Plus de six semaines après avoir écrit au service des relations publiques de votre hôtel, j'attends encore une réponse. Incroyable ! Je ne peux croire que personne n'a eu le temps de me lire et de répondre en six semaines. Quand même ! Après avoir réalisé que ma lettre se soit peut-être perdue à travers les différents services de votre hôtel, c'est à vous personnellement que j'envoie cette lettre. J'y joins aussi la première, celle du 21 janvier, au cas où vous ne l'auriez jamais reçue. Comme vous êtes la directrice des ventes, je crois que vous êtes la personne qui me répondrez.

Bien que le contenu de ma première lettre peut sembler drôle, je tiens à vous rassurer que les faits rapportés sont authentiques. Ainsi que les différents malaises qui m'affectent encore aujourd'hui. J'aimerais vraiment que vous me répondiez, ne serait-ce qu'un simple accusé de réception. Je ne demande aucun rabais de chambre. Je veux seulement savoir que je pourrais aller dans votre hôtel incognito, sans être harcelé par les trois employés de votre hôtel qui ont déjà abusé de ma naïveté et de mon innocence. Je crains fort que ces trois personnes aux mœurs douteuses aient profité de mes facultés affaiblies par l'alcool pour prendre des photos de moi dans des poses que je n'ose m'imaginer. Je crains justement que des photos de moi puissent être affichées à la cafétéria des employés, juste pour les faire rire. Ou pire encore, ces photos pourraient circuler sur Internet, permettant ainsi au monde entier de voir votre hôtel sous différents angles. Vous pourriez justement me rassurer en me disant que de telles photos ne sont pas affichées à la cafétéria de votre hôtel.

Bien que j'y ai pris plaisir à ce moment-là, soyez assurée madame, que je ne répéterai plus jamais pareille orgie. Vous pouvez me faire confiance, je suis maintenant une personne assagie. Je vous remercie de votre attention et j'espère recevoir une réponse de votre part ainsi que des informations sur votre hôtel.

Puis-je coucher à votre hôtel sans être reconnu ?

Martin H. Landry
Martin H. Landry
1685, avenue Mailloux app. 5
Québec (Québec) G1J 4Z2

LOEWS
LE CONCORDE

Le 12 mars 1997

Monsieur Martin H. Landry
1685, avenue Mailloux, app.5
Québec, QC G1J 4Z2

Monsieur Landry,

En réponse à vos deux lettres, c'est avec plaisir que je vous fais parvenir l'information requise sur notre hôtel.

Vous trouverez ci-joint la brochure de nos forfaits hiver/printemps 1997. J'espère sincèrement que vous y trouverez une option qui vous plaise et vous permette de donner une nouvelle image à vos souvenirs du Loews Le Concorde.

Cordialement,

Renée Gosselin
Directrice des ventes et du marketing

1225, place Montcalm, Québec (Québec) Canada G1R 4W6   (418) 647·2222   Fax (418) 647·4710

Québec, le 23 janvier 1997

Cargo Marketel
Bureau des ressources humaines
871, chemin Saint-Louis
Québec (Québec)
G1S 1C1

Madame, Monsieur,

Il me fait plaisir de vous écrire cette lettre pour vous convaincre, je l'espère, que je pourrais être utile à votre entreprise. Depuis mon tout jeune âge, je rêve de travailler dans le domaine de la publicité. Il est maintenant temps de me faire connaître et de vous démontrer tout mon immense talent publicitaire.

Tout d'abord, sachez que je peux vous composer un slogan publicitaire en moins de deux. En voici quelques exemples :

• Chez Jean-Coutu, on trouve de tout, même des médicaments.

• Préparation H, pas pour ceux qui se pognent le derrière !

• Chez Maxi, des prix mini, je te le dis mon titi !

• Avec Crest, vous avez les dents propres en « crest ».

• À la clinique de podiatres de Québec, on vous traitera aux petits oignons et nous guérirons vos oignons !

• Chez Matelas Confort, laissez-nous vous endormir.

• Au cabaret Le Folichon, y a pas de faux nichons !

• Au cimetière Saint-Charles, même les vers de terre vous laisseront tranquilles !

• À l'hôtel Hilton, vous serez mieux qu'à l'Hôtel-Dieu !

Non seulement j'ai le talent, mais j'ai déjà aussi travaillé en publicité. Je livre en effet présentement des Publi-sac après avoir posé des affiches pour Médiacom. En espérant recevoir une réponse écrite à ma lettre, je vous remercie de l'attention que vous porterez à ma demande.

Tanné de livrer des Publi-sac,

Martin H. Landry

Martin H. Landry
1685, avenue Mailloux app. 5
Québec (Québec) G1J 4Z2

CARGO

Québec, le 10 mars 1997

Monsieur Martin H. Landry
1685, ave Mailloux #5
Québec, Qc
G1J 4Z2

Monsieur,

La présente est pour vous confirmer que nous avons bien reçu votre curriculum vitae.

Malheureusement, tous nos postes sont comblés dans l'immédiat. Toutefois, nous conservons votre curriculum vitae en filière à titre de référence advenant le cas où un poste serait disponible.

Nous vous remercions de l'intérêt que vous accordez à l'agence Cargo et nous vous prions d'agréer, Monsieur Landry, nos salutations distinguées.

Bien à vous,

Noëlla Lavoie
Présidente directrice générale

CARGO COMMUNICATION MARKETING INC.
871, CHEMIN SAINT-LOUIS, QUÉBEC (QUÉBEC) G1S 1C1 TÉLÉPHONE : (418) 683-4931 TÉLÉCOPIEUR: (418) 683-2877 COURRIER ÉLECTRONIQUE

Québec, le 23 janvier 1997

Agriculture Canada
Assurance-récolte
2200, chemin Wakley
Ottawa (Ontario)
K1G 4G8

Bonjour à vous, je vous écris car je connais très peu vos services et j'aimerais vous poser quelques questions. Je crois que vous allez m'être d'un très grand secours. Du moins, je l'espère.

Étant retraité depuis maintenant deux ans, je cherchais un passe-temps pour m'occuper. J'ai trouvé le jardinage. C'est merveilleux car cela me permet de m'occuper durant l'été, saison qui correspond aux vacances de ma femme qui est enseignante. Comme je ne veux absolument pas être dans la maison lorsqu'elle est en vacances, je passe tout mon temps à dorloter mes fruits et mes légumes.

Malheureusement, mes deux dernières récoltes n'ont pas été un grand succès. Avec le peu de légumes que j'ai obtenus, ma femme me demande, avec raison, d'arrêter le jardinage. Les récoltes ne justifient pas tout l'argent et le temps que j'y ai mis. Je me vois donc, avec horreur, assis à côté de ma femme ou carrément sur elle (elle aime bien que je m'assoie sur ses 245 livres) l'été prochain.

Cherchant une solution à mon problème, c'est alors qu'un de mes voisins, qui connaît ma femme, m'a parlé de votre service. Je vous demande donc si vous pouvez assurer ma prochaine récolte. En vous payant une prime, vous assureriez ma récolte. Si elle est désastreuse, vous me verseriez alors un montant d'argent qui me dédommagerait pour le temps et l'argent que j'aurais investis dans ma récolte. En ayant cette assurance avec vous, je pourrais alors justifier une autre année à me consacrer à mon jardin. Du même coup, cela me permettrait de quitter le foyer conjugal l'été prochain. Par la même occasion, cela m'éviterait de subir les fantasmes sexuels extravagants de ma femme. Entre vous et moi, je préfère avoir mes deux mains dans la terre avec des vers plutôt que d'être assis sur ma femme habillée en « Bobinette » et moi en « Bobino » tout en essayant de faire péter des pétards à la farine.

Alors, j'espère que je vais recevoir une lettre de votre part m'expliquant vos divers services et une grille de vos tarifs d'assurance-récolte. Je vous remercie de votre attention.

J'ai hâte que l'hiver et les chaleurs de ma femme finissent,

Martin H. Landry
Martin H. Landry
1685, avenue Mailloux app. 5
Québec (Québec) G1J 4Z2

Policy Branch   Direction générale des politiques
Direction de la politique
et des programmes de revenu agricole
Division de l'assurance
2200, chemin Walkley, 2ième étage
Ottawa (Ontario)   Your file   Votre référence
K1A 0C5

                                                 Our file   Notre référence
                                                        1840-6/P4
                                                        970129.mhl

                                         le 29 janvier 1997

M. Martin H. Landry
1685, ave. Mailloux #5
Québec (Québec)
G1J 4Z2

Objet: Demande de renseignements sur l'assurance-récolte pour la région de Québec

_____

Monsieur,

J'accuse réception de votre lettre du 23 janvier 1997 dans laquelle vous me faites part de
votre passion pour le jardinage et de votre désir de protéger vos récoltes des risques
naturels grâce à l'assurance-récolte.

Le gouvernement fédéral contribue aux programmes provinciaux d'assurance-récolte en
partageant à parts égales, avec la province, la totalité des coûts d'administration (50:50)
et la moité des primes (25:25) l'autre moitié étant payée par les assurés.

La Régie des assurances agricoles du Québec est responsable de la conception, de
l'administration et de la prestation du programme d'assurance-récolte pour le Québec. Je
vous sugère donc de communiquer directement avec le bureau régional de la Régie
desservant la grande région de Québec pour leur faire part de vos besoins en assurance. Il
seront en mesure d'évaluer votre demande, de déterminer si votre jardin est admissible au
programme et, s'il y a lieu, de vous offrir une protection à votre mesure pour l'année-
récolte 1997.

                                                             .../2

Canadä

L'adresse du bureau régional pour les régions agricoles 02 et 12 (Québec - Saguenay - Lac-Saint-Jean - Côte-Nord) est le

1120, boul. de la Rive Sud
Bureau 130
Saint-Romuald (Québec)
G6W 5M6.

Vous pouvez les rejoindre par téléphone au 834-8111.

-.-.-.-.-.-.-.-.-.-.

Je vous souhaite beaucoup de succès dans vos récoltes de l'été prochain. J'espère que vous continuerez de retirer un grand plaisir de la culture de votre jardin et vous prie d'agréer, Monsieur, l'expression de mes sentiments les meilleurs.

L'agent principal des opérations
Québec et Nouvelle-Écosse

Luc Bégin, agronome

Québec, le 23 janvier 1997

Musée des Beaux-Arts de Montréal
Service d'achat d'œuvres d'art
Boîte postale 3000
Succursale H
Montréal (Québec)
H3G 2T9

Bonjour à vous, chers acheteurs d'œuvres. C'est avec empressement et espoir que je vous écris, vous qui prenez la décision de rendre un artiste heureux ou désespéré et suicidaire. À vous qui pouvez faire ou détruire ma carrière d'artiste que je veux bientôt voir naître, je m'incline à vos pieds et je vous implore d'acheter mon œuvre ci-jointe. (*Voir page suivante*)

Avec l'achat de mon tout premier dessin par votre musée, ma carrière d'artiste pourrait alors prendre son envol qui lui est destiné. Je suis même prêt à faire un don d'argent à la fondation de votre musée. Mon don pourrait correspondre au prix d'achat de mon œuvre. En agissant de la sorte, l'achat de ma première œuvre n'aura rien coûté au Musée. De plus, vous aurez contribué à faire de moi un artiste heureux et comblé.

Avec une toute première œuvre achetée par le Musée des Beaux-Arts de Montréal, tout est possible par la suite. Je pourrais alors continuer à dessiner et à peindre en sachant que c'est possible de vivre de mon art. En effet, grâce à votre achat, je pourrais exposer dans les plus grandes galeries de cette planète et faire beaucoup d'argent avec mon béret sur la tête. Je me vois déjà en train de montrer ma richesse et ma gloire à mon professeur d'arts plastiques de mon école secondaire. Lui qui riait toujours de moi à chaque fois que je lui montrais mes dessins. Ah, la vengeance est douce au cœur de celui qui sait attendre. J'ai donc hâte de lui démontrer qu'il avait tort.

Mais trêve de vengeance. Je vous laisse maintenant à votre travail et j'espère que vous prendrez le temps d'évaluer mon œuvre. Je vous remercie de l'attention que vous porterez à ma lettre et répondez-moi, je vous en conjure, que ce soit une bonne ou une mauvaise nouvelle concernant l'achat de mon œuvre.

Hâte de pouvoir manger d'autre chose que des Macaroni Kraft,

Martin H. Landry
Martin H. Landry
1685, avenue Mailloux app. 5
Québec (Québec) G1J 4Z2

Rencontre du 3ᵉ type, inattendue et insoupçonnée.

Martin H. Landry

M.

Le 31 Janvier, 1997

Martin Landry
1685, Ave Mailloux # 5
Québec, Qc
G1J 4Z2

Monsieur,

En réponse à votre lettre, les artistes qui veulent exposer à la galerie doivent soumettre leur dossier en septembre de chaque année. Le premier choix se fait à partir de diapositives (3). Vous devrez donc faire votre demande en aout et il nous fera plaisir de vous faire parvenir la formule de soumission.

Merci de votre intéret, veuillez accepter nos meilleures salutations,

Louise Lutfy,   Janine Aikins
Co- Directrice

Case postale 3000, Succursale H, Montréal (Québec) H3G 2T9   Téléphone : (514) 285-1611   Télécopieur : (514) 842-8830

Québec, le 24 janvier 1997

Humeur Design
Relations publiques
1, Place du Commerce, bureau 420
Île-des-Sœurs (Québec) H3E 1A4

Il me fait plaisir de vous écrire cette lettre pour deux raisons. La première étant que depuis maintenant plusieurs années, je ne m'habille seulement qu'avec vos t-shirts. Je fais rire mon entourage avec vos t-shirts illustrés plus drôles les uns que les autres. En effet, vous devriez voir la réaction des gens lorsque je vais au bureau avec mon t-shirt sur lequel est dessiné un singe mangeant des arachides et qui dit: «Je travaille pour des pinottes»! Ha, ha! C'est à mourir de rire! Grâce à vous, mes compagnons de travail peuvent rire de moi. Ainsi, je contribue à améliorer l'atmosphère de travail et à me rendre populaire.

La deuxième raison de cette lettre, c'est que je meurs d'envie de travailler pour votre compagnie. Je me vois assis avec votre équipe de création en train d'imaginer les slogans et illustrations qui apparaîtraient sur de futurs t-shirts. Ce doit être vraiment tordant de travailler avec cette bande de joyeux lurons. Pour que vous soyez intéressés à mon offre de services, je vous soumets quelques slogans drôles qui pourraient apparaître sur des t-shirts. Je vous laisse le soin d'imaginer les illustrations comiques qui pourraient les accompagner. Préparez-vous à en rire un coup! Voici mes idées:

- J'aime ma femme même si elle est grosse.
- Ma femme me cache du soleil, en fait, elle est plus grosse que le soleil.
- Je suis petit, mais j'en ai une grosse!
- Je suis grand et gros, et croyez-moi, tout est proportionnel.
- J'ai un ensemble de jardin de 26 morceaux: 2 chaises et une caisse de 24.
- Ma devise: riche un jour, pauvre 30 jours!

Ce ne sont là que quelques exemples, j'en ai bien d'autres et des plus drôles encore. Incroyable, mais vrai. Alors si vous êtes intéressés par mes services, communiquez avec moi le plus tôt possible. Je pense offrir bientôt mes services à des compagnies américaines qui peuvent me payer un salaire que vous ne pouvez m'offrir. Alors dépêchez-vous pour m'engager avant qu'il ne soit trop tard! J'attends avec impatience une réponse écrite de votre part. Merci de l'attention que vous porterez à ma candidature.

Aujourd'hui rigolo, demain le gros lot,

Martin H. Landry
1685, avenue Mailloux app. 5

Québec, le 4 février 1997

Martin H. Landry
1685, ave Mailloux , #5
Québec (Québec)
G1J 4Z2

Monsieur Landry,

Nous accusons réception de votre offre de service pour notre compagnie Humeur Design.

Malgré l'intérêt porté à notre entreprise, nous ne pourrons, malheureusement, donner suite à votre offre de service.

Nous vous souhaitons la meilleure des chances dans vos démarches futures et vous prions d'accepter, monsieur Landry, nos sincères salutations.

Michel Leblanc,
Directeur Artistique

/ s p

Humeur Design • Québec 410, rue Volta, Sainte-Foy, Quebec, G1N 4J2, tel.: (418) 682-6646, fax: (418) 682-3243, 1-800-567-6786

Québec, le 30 janvier 1997

Kraft-General Foods Canada
Service aux consommateurs
Boîte postale 1200
Don Mills (Ontario)
M3C 3J5

Bonjour à vous, mes chers fabricants de Jell-O! Moi qui m'amuse à servir du Jell-O à mes enfants presqu'à tous les jours, j'ai enfin décidé de laisser ma timidité de côté et de vous écrire.

J'ai tout d'abord des remerciements à vous faire pour votre Jell-O. C'est un dessert facile à réaliser et que l'on peut servir avec plusieurs choses. Mes cinq enfants adorent le Jell-O aux fraises que je prépare avec des guimauves, des bananes et des pépites de chocolat, le tout recouvert d'une couche de Dream-Whip. Laissez-moi vous dire qu'il n'y a rien de tel pour faire sortir ses enfants jouer dehors, même par une température de -25° Celsius!

Si je vous écris, c'est aussi pour vous soumettre des suggestions. Comme il y a déjà sur le marché des moules permettant de façonner le Jell-O en figurines amusantes (dinosaures, etc.), pourquoi ne pas faire des casse-têtes avec du Jell-O? Vous pourriez faire un dessin que vous découperiez en plusieurs morceaux et fournir des moules de ces différents morceaux. Les gens n'auraient qu'à cuisiner du Jell-O en morceaux de différentes couleurs et de les assembler pour reconstituer le casse-tête. Vous pourriez même faire des casse-têtes en trois dimensions. Les possibilités sont infinies. Avec cette idée, non seulement les enfants mangeraient du Jell-O, ils joueraient avec, s'échangeraient des pièces de casse-tête, bref, tout pour faire monter vos ventes de Jell-O. Avec cette idée, *The sky is the limit!* Il va sans dire que j'apprécierais un «léger» montant d'argent si vous adoptiez mon idée et qu'elle obtienne tout le succès qu'elle mérite. Vous me tiendrez au courant de ce projet.

Aussi, j'aimerais savoir s'il est possible pour vous de faire des morceaux de fruits en poudre. Je trouve vraiment ça plate d'avoir à trancher des fruits pour en mettre dans mes plats de Jell-O. Vous pourriez alors vendre ces morceaux de fruits en poudre (bananes, fraises, framboises) avec vos boîtes de Jell-O. Cela sauverait du temps et vous pourriez mettre une touche de nouveauté au Jell-O. Je vous remercie de l'attention que vous porterez à ma lettre.

En train de figer en attendant votre réponse,

Martin H. Landry
Martin H. Landry
1685, avenue Mailloux app. 5
Québec (Québec) G1J 4Z2

Le 11 février 1997

M. Martin Landry
1685, ave Mailloux
#5
Québec, QC   G1J 4Z2

M. Landry,

Nous vous remercions de votre suggestion qui, selon vous, peut
nous être utile.

Nous apprécions votre geste, toutefois nous avons dû instaurer un
principe selon lequel nous ne pouvons accepter les idées ou les
offres du grand public. En fait, nous avons la chance de
disposer de plus nombreuses idées et d'avoir accès à de plus
nombreuses ressources créatives que nous pouvons en utiliser.
Très souvent, les suggestions que nous recevons sont les mêmes ou
semblables aux idées auxquelles ont déjà pensé nos agences de
publicité ou notre compagnie.

Nous vous savons gré de votre intérêt envers Kraft General Foods
et espérons que vous continuerez à utiliser nos produits avec
plaisir. Si vous avez des questions, n'hésitez pas à nous
téléphoner ou à nous écrire de nouveau.

Nous vous prions d'agréer, M. Landry, nos sincères salutations.

Elizabeth Oman
Représentante aux Consommateurs

Québec, le 6 février 1997

Effem Foods
Service à la clientèle
1225, rue Volta
Boucherville (Québec)
J4B 7M7

Bonjour, mes chers fabricants de merveilleux produits tels que la tartine Milky Way, les barres de chocolat Mars, Twix, Bounty et les fameux chocolats M&M. Félicitations pour votre bon travail!

Si je vous écris, c'est que j'ai quelques questions à vous poser. Étant donné qu'à chaque matin je mange mes douze toasts avec votre fameux Milky Way, j'aimerais vraiment savoir comment vous faites pour obtenir le motif marbré dans vos pots de Milky Way. Je n'ai jamais réussi à reproduire ce motif sur mes toasts, même avec le pot devant moi avec ses deux couleurs si correctement agencées. Le brun et le blanc du Milky Way se mêlent sur mes toasts et ce, peu importe ma façon de les tartiner. Pourtant, lorsque je me brosse les dents avec le dentifrice Aqua-Fresh, je réussis à faire sortir du tube les couleurs sans les mélanger ensemble.

Je veux également savoir comment vous faites pour colorer les chocolats M&M. Les peinturez-vous à la main ou au fusil? Aussi, qu'avez-vous changé dans la recette originale des M&M pour faire en sorte qu'ils ne fondent plus dans la main maintenant. Ajoutez-vous une couche de vernis? Cela m'intrigue beaucoup car je veux savoir si le produit que vous utilisez sur les M&M empêchent mon estomac de les faire fondre à son tour, formant ainsi un obstacle à une saine digestion et/ou provoquer une constipation sans précédent.

De plus, si le produit empêche les M&M de fondre dans nos mains, les aidant ainsi à préserver toute leur belle couleur, pourrait-on utiliser ce même produit pour recouvrir une voiture? Cela pourrait protéger la peinture de la rouille. Si tel est le cas, vous pourriez faire un concours permettant de gagner une voiture M&M, la voiture qui ne rouille pas et qui porterait les mêmes couleurs que vos fameux chocolats. Ce serait toute une publicité pour vous.

Ce sont là mes idées et mes questions. J'ai vraiment hâte d'avoir de vos nouvelles et je vous remercie de l'attention que vous porterez à ma lettre.

À bas le Nutella, vive le Milky Way,

Martin H. Landry
Martin H. Landry
1685, avenue Mailloux app. 5
Québec (Québec) G1J 4Z2

Effem FOODS LTD.

37 HOLLAND DRIVE, BOLTON, ONTARIO L7E 5S4   PHONE (905) 857-5700   FAX (905) 857-5585

7 avril 1997

M Martin Landry
1685, avenue Mailloux #5
Québec QC G1J 4Z2

Monsieur,

Nous vous remercions de votre demande concernant le produit MILKY WAY^MD et nos produits de confiserie. Nous espérons que vous accepterez nos excuses pour le retard de notre réponse.

Notre entreprise étant une société fermée, les propriétaires ont choisi de garder confidentielle toute information portant sur la conduite des affaires. Nous regrettons donc de ne pas pouvoir répondre à vos questions.

Nous vous remercions de l'intérêt que vous témoignez envers nos produits et nous espérons que vous accepterez le bon ci-joint, avec nos compliments.

Cordiales salutations,

Cynthia Ann Gallup
Représentante
Service aux consommateurs

cag/cl

0098082A
Pièce jointe

STORE COUPON / BON DE MAGASIN

THIS COUPON ENTITLES THE BEARER TO TWO (2) FREE "REGULAR SIZE" BARS*
CE BON DONNE DROIT AU DÉTENTEUR À DEUX (2) BARRES* «FORMAT ORDINAIRE» GRATUITES
*AS SHOWN ON REVERSE/*TEL QU'ILLUSTRÉ AU VERSO

FREE   GRATUIT

MR. RETAILER: Effem Foods Ltd. will reimburse your resale value of free merchandise supplied in accordance with the terms of this coupon plus the standard handling rate. Application on any other basis constitutes fraud. Invoices showing your purchase of sufficient stock (in previous 90 days) to cover all coupons presented for redemption must be shown on request. Coupons will not be honoured and will be void if presented through outside agencies, brokers or others who are not retail distributors of Effem Foods Ltd.'s merchandise. For redemption mail to: EFFEM FOODS LTD., P.O. Box 3000, Saint John, New Brunswick E2L 4L3. Please indicate your retail price for the product supplied.
REDEEMABLE AT PARTICIPATING RETAILERS

$

Please indicate, in the box above, your retail price for the product supplied.
Veuillez indiquer le prix de détail du produit fourni dans la case ci-dessus.

MONSIEUR LE MARCHAND : Effem Foods Ltd. vous remboursera le prix de détail de la marchandise gratuite fournie conformément aux modalités de ce bon, plus les frais courants de manutention. Une demande de remboursement pour toute autre raison constitue une fraude. Le bon ne seront pas remboursés et seront sans valeur s'ils sont présentés par l'intermédiaire d'agences extérieures, de courtiers ou d'autres personnes qui ne sont pas des distributeurs au détail des produits Effem Foods Ltd. ou si vous êtes dans l'impossibilité de fournir sur demande des factures prouvant l'achat (au cours des 90 jours précédents) d'une quantité de marchandise suffisante pour couvrir tous les bons à rembourser. Pour remboursement, postez à : EFFEM FOODS LTD., C.P. 3000, Saint John (Nouveau-Brunswick) E2L 4L3. Veuillez indiquer le prix de détail du produit fourni.

ÉCHANGEABLE CHEZ LES DÉTAILLANTS PARTICIPANTS

† ®MD Effem Foods Ltd © Effem Foods Ltd , 1989

THE FIVE PRINCIPLES

Québec, le 12 février 1997

Groupe Léger & Léger
250, Grande-Allée Ouest
Bureau 002
Québec, (Québec)
G1R 2H4

Bonjour à vous, mes chers sondeurs de l'opinion publique. Je vous écris pour vous proposer mes services à titre de sondeur. En effet, après avoir complété une maîtrise en anthropologie tout en livrant du poulet BBQ, je me sens maintenant prêt à aller chez les gens, mais cette fois non pas pour livrer un «numéro 2 pas de sauce», mais plutôt pour leur poser les questions d'un sondage. J'aimerais vraiment questionner des gens, plus particulièrement des femmes, afin d'en savoir plus sur leurs vies professionnelle, personnelle et sexuelle. Je suis vraiment excité à l'idée d'aller sonder ces jeunes célibataires qui restent seules à la maison.

Pour vous démontrer tout mon intérêt et mes compétences à l'égard des sondages, voilà quelques statistiques de mon cru qui sauront vous convaincre que je suis un excellent employé pour votre maison de sondages:

- 99% des personnes qui se font avorter sont des femmes;

- un avocat sur deux gagne sa cause;

- 97% des personnes qui appelaient la ligne Jojo-Médium le faisaient lorsqu'elles étaient seules à la maison, après minuit et sous l'effet de leurs médicaments; et

- 92% des personnes qui appellent aux lignes 1-976 sont des hommes à la recherche de conversations érotiques; le reste, 8%, sont des journalistes à la recherche de reportages à sensation.

J'en ai encore bien d'autres, mais je ne vous les dévoilerai que lorsque je serai à votre emploi, et ce, seulement si j'ai un gros salaire. Je vais aussi vous dévoiler mon idée originale permettant de révolutionner la façon de faire des sondages. Brièvement, il s'agit de réunir 50 000 personnes dans un même endroit et de les faire voter à main levée sur différentes questions. Le fait de procéder à main levée permettrait à des surveillants musclés ou armés de bâtons de baseball de «diriger» le vote. Ainsi, on intéresserait des organisations commerciales et politiques qui veulent obtenir des sondages favorables à leurs causes. Vous n'avez qu'à communiquer avec moi pour acheter les droits que je possède sur ce nouveau procédé de consultation. Je vous remercie de l'attention que vous porterez à ma lettre et j'espère que vous répondrez à mon offre de services.

Votez OUI ou on vous frappe,

Martin H. Landry

Martin H. Landry
1685, avenue Mailloux app. 5
Québec (Québec)
G1J 4Z2

J'attends toujours une réponse

Québec, le 13 février 1997

Quaker Oats
Service aux consommateurs
Peterborough (Ontario)
K9J 7B2

Bonjour à vous, mes chers fabricants de gruau! Je vous écris cette lettre pour vous féliciter pour vos nouvelles galettes de riz. Elles sont si merveilleuses que j'en mange au moins trois sacs avant de me coucher. Fini les chips, vive les galettes de riz Quaker!

Mais je vous écris aussi pour vous poser quelques questions à propos de la publicité de ces galettes de riz. Dans la publicité télévisée, un des personnages dit «... elles sont si légères, j'en mangerais une tonne!». C'est alors que je me suis demandé combien de galettes cela peut représenter. Comme une tonne égale 2000 livres ou 908 kilos, soit 908000 grammes, que vos galettes de riz sont vendues dans un format de 186 grammes contenant 14 galettes, une tonne représente donc plus de 4881 sacs, soit 68334 galettes! Est-ce possible qu'une personne puisse en manger autant? J'ai beau mesurer 6 pieds 7 pouces et peser 320 livres, même moi, malgré ma «charpente» je ne pourrais jamais avaler autant de galettes. J'aimerais que vous m'éclairiez à ce sujet. J'espère que vous ne faites pas de publicité trompeuse. Si c'est le cas, un montant d'argent appréciable de votre part vous assurera mon silence le plus complet à ce sujet.

Aussi, malgré mes importantes recherches, je n'ai jamais réussi à identifier le personnage imprimé sur vos produits. Ce vieil homme dessiné avec une espèce de chapeau et des cheveux blancs, qui est-il? Est-il parent avec le Capitaine Crunch et/ou Aunt Jemima? Est-il le fondateur de la compagnie? Il serait intéressant, si cet homme a eu des enfants, de voir sa famille imprimée sur les produits. Ainsi, les consommateurs qui recherchent des produits stimulant l'appétit sexuel et favorisant la fécondité sauront que «L'homme Quaker» a eu de nombreux descendants grâce à ce merveilleux gruau. Cela les empêchera d'acheter du ginseng et de la gelée royale, optant plutôt pour des produits Quaker. J'espère pour vous que cet homme n'était pas homosexuel, car cela risquerait d'entacher la réputation de vos produits. Encore là, si je découvre que cet homme avait une réputation peu enviable, un montant d'argent appréciable de votre part vous assurera mon silence le plus complet à ce sujet. Je vous remercie de l'attention que vous porterez à ma lettre.

Une tonne de galettes, non mais êtes-vous sérieux,

Martin H. Landry

Martin H. Landry
1685, avenue Mailloux app. 5
Québec (Québec) G1J 4Z2

QUAKER

The Quaker Oats Company of Canada Limited/La Compagnie Quaker Oats du Canada Limitée
Quaker Park, Peterborough, Ontario K9J 7B2   (705) 743-6330 Fax (705) 876-4192

Le 6 mars 1997

M. Martin Landry
1685, av. Mailloux #5
Québec (Québec)
G1J 4Z2

M. Landry,

Nous vous remercions pour votre lettre. Il nous fait plaisir d'apprendre que vous aimiez les Galettes de riz et d'autres produits Quaker.

Concernant votre question au sujet de l'annonce qui passe à l'antenne, nous espérons sincèrement que cette dame mangerait une tonne de Galettes de riz Quaker. A vrai dire, je pense simplement qu'elle a utilisé cette expression pour indiquer qu'elle en mangerait "beaucoup".

En guise de remerciement de votre lettre, vous trouverez ci-inclus quelques coupons-rabais que vous pourrez échanger au moment de votre prochain achat. J'ai aussi cru bon d'inclure le récit de l'histoire de la compagnie Quaker Oats, pour votre intérêt.

Nous espérons que vous continuerez d'acheter nos nombreux produits Quaker et qu'ils sauront toujours vous satisfaire.

Veuillez agréer nos sincères salutations.

Lise Cloutier
Service aux consommateurs

A76235 *C

Québec, le 17 février 1997

Journal LE SOLEIL
Bureau du personnel
Boîte postale 1547, succ. Terminus
Québec (Québec) G1K 7J6

Salut à vous, vous qui écrivez dans ce journal. Si je t'écris, c'est que je veux travailler dans votre journal. Je suis sûr et certain en plus que je peux écrire dans votre journal. Depuis que je suis tout jeune que je le lis et que je fais les mots croisés et je le connais beaucoup. Les gars avec qui je travaille à la shoppe m'ont dit que je devrais arrêter d'en parler, parler que je veux écrire pour votre journal, et m'ont dit que je devrais envoyer une lettre, pour vous parler de ma personne et de mon envie de faire de grands reportages et de voyager beaucoup avec un compte de dépenses. Soyez sûrs que je peux aussi travailler dans le bas de l'échelle, soit pour classer les annonces classées ou pour croiser les mots croisés. Ou pour écrire les faits divers qui peuplent les premières pages de ton journal.

Pour vous parler de moi, j'ai trente ans et j'en paraîs vingt. Faut dire que j'ai été longtemps à l'école secondaire, plus de neuf ans, ce qui m'a permis de rester jeune. J'ai réussi tout les cours de français qui m'ont donné, comme vous pouvez le voir sur cette lettre, je ne fais pas grande faute. Je suis prêt à voyager pour vous, que ce soit en Tchétchény ou en Somalie ou en Moscou. Faut dire que l'Afrique m'a toujours beaucoup intéressé, avec ses huttes et les missionnaires qui se font parfois manger par des carnivores.

Apprenez aussi que j'ai déjà de l'expérience avec votre journal. J'ai en effet passé votre journal pendant quatre ans. Pour ce qui est d'écrire, j'ai déjà dû vous convaincre, avec mon style personnel à la Jean Gravel. J'ai déjà aussi fait des recherches comme celle que j'ai faite à l'école élémentaire sur les jeux Olympiques de Montréal de 1976. J'avais parlé de l'athlétysme et j'avais fait des dessins. C'était tellement bon que ma recherche avait été affichée dans le sous-sol de l'église pendant l'encan paroissial. Ma mère était fière. Je pourrais vous apporter ma recherche pendant l'entrevue, vous constaterez que déjà jeune, j'avais une graine de journaliste. Je vous remercie de votre attention et j'attends de vos nouvelles. Écrivez-moi, s'il vous plaît, je vais montrer ma lettre à mes chums de la shoppe. Salut !

Mécano aujourd'hui, journaliste demain, prix Pulitzer après-demain,

Martin H. Landry
Martin H. Landry
1685, avenue Mailloux app. 5
Québec (Québec) G1J 4Z2

LE SOLEIL

Le quotidien de la capitale
925, ch. St-Louis Case postale 1547
Succ. Terminus Québec (Québec) G1K 7J6
http://www.lesoleil.com

Québec, le 8 avril 1997

Monsieur Martin H. Landry
1685, avenue Mailloux, app. 5
Québec (Québec)
G1J 4Z2

OBJET: Votre candidature au journal Le Soleil

Monsieur,

Nous accusons réception de votre offre de services et vous remercions de l'intérêt que vous portez envers **LE SOLEIL**.

Malheureusement nous n'avons pas, actuellement, de poste disponible pour le genre d'emploi que vous postulez.

Nous conservons toutefois votre offre de services pour une période de dix (10) mois à compter d'aujourd'hui, de façon à pouvoir vous contacter si un poste correspondant à vos qualifications devenait disponible.

Veuillez agréer, Monsieur, l'expression de mes meilleures salutations.

Serge Parent
Chef des services aux employés

SP/dj

Service de l'Administration
Téléphone: (418) 686-3215
Télécopieur: (418) 686-3434

Québec, le 20 février 1997

Les restaurants McDonald
Relations publiques
1325, route Transcanadienne
Dorval (Québec) H9P 2V5

Salut! Je vous écris pour vous demander une faveur. Depuis trois ans maintenant, j'entraîne mes deux chats pour des courses. Mon but ultime est de les faire courir contre des lévriers (greyhounds) sur les plus importantes pistes des États-Unis. Les bourses y sont plus qu'intéressantes et mes deux chats seraient toute une attraction. Déjà des promoteurs se sont montrés intéressés, mais je préfère rester indépendant, de peur de perdre le contrôle de ma petite mine d'or au profit de gens peu scrupuleux.

La faveur que je vous demande est la suivante. Comme votre chaîne de restaurants commandite déjà des coureurs automobiles, j'ai pensé que vous pourriez me commanditer, moi et mes deux chats (Mousechaser et Roadkill). Avec votre support financier, vous me permettriez de me consacrer entièrement à leur entraînement. Aussi, je pourrais m'établir en Floride et me payer une piste de course où mes deux chats se familiariseraient avec le climat et les vraies pistes. Plutôt que de courir après une souris mécanique sur une piste de foin, comme ils le font présentement dans mon sous-sol, ils auraient la chance de courir un lièvre mécanique sur une vraie piste. Ainsi, lors de leur première course contre des lévriers, ils seraient habitués à ces conditions et pourraient exceller dès leur première présence. Ils se doivent de connaître un début de carrière fulgurant, sinon celle-ci risque d'être courte.

J'espère que vous serez intéressés, car mes deux chats risquent d'être le hit de l'année à travers le monde. Tout dépendant de la somme d'argent que vous voulez investir dans mon projet, vous pourriez obtenir l'exclusivité de votre logo sur les habits de course de mes deux chats. Votre logo pourrait aussi être visible sur les produits dérivés tels que t-shirts, figurines, posters, etc. Les possibilités sont infinies et McDonald risque de faire un gros coup publicitaire. Écrivez-moi pour me donner une réponse. Je suis prêt à vous montrer mes chats dans leur lieu d'entraînement secret avant d'entreprendre toute discussion commerciale. Vous serez ainsi convaincus de la viabilité de mon projet. Merci de votre attention.

Attention, laissez passer Mousechaser et Roadkill,

Martin H. Landry

Martin H. Landry
1685, avenue Mailloux app. 5
Québec (Québec) G1J 4Z2

LES RESTAURANTS **McDonald** DU CANADA LIMITÉE
1325, ROUTE TRANSCANADIENNE
DORVAL (QUÉBEC) H9P 2V5
(514) 685-4411
TÉLÉC. : (514) 685-9841
(514) 685-5952

Le 14 mai 1997

Monsieur Martin H. Landry
1685, avenue Mailloux # 5
Québec (Québec)
G1J 4Z2

Monsieur,

Nous vous remercions vivement d'avoir pensé à notre entreprise pour votre demande de commandite. Comme vous vous en doutez probablement, nous recevons de nombreuses sollicitations; il nous est donc malheureusement impossible de répondre favorablement à votre demande cette année.

Votre projet est digne d'intérêt et nous vous souhaitons beaucoup de succès.

Nous tenons encore une fois à vous remercier d'avoir fait appel à nous et vous souhaitons la meilleure des chances.

André Lachance
Directeur du Marketing

/mm

Québec, le 25 février 1997

Aliments pour animaux domestiques Hill's Canada inc.
Box 699 Streetsville P.O.
Mississauga (Ontario)
L5M 2C2

Salut! Tout juste après avoir lu sur Dolly, la brebis écossaise qui est en fait un clone créé à partir du noyau d'une cellule mammaire d'une autre brebis, je me suis dit: «Merde. Jusqu'où la génétique ira?». Je pensais alors que plus rien ne me surprendrait. J'ai réalisé, malheureusement, que j'avais tort le jour où j'ai vu la publicité de votre nourriture pour chats Science Diet.

Cette publicité, je vous le rappelle, affiche une photo d'un corps d'homme mais AVEC UNE TÊTE DE CHAT! Je savais que les recherches en génétique étaient avancées, mais jamais je m'imaginais que l'homme était capable de tels travaux. Vous avez réussi à faire un homme avec une tête de chat! Comment avez-vous réussi à faire cela? Pourquoi nous n'entendons pas parler de vos recherches génétiques? Votre compagnie a-t-elle profité de sa créature mi-homme mi-chat pour faire de la publicité, avant de la montrer à la communauté scientifique? Votre nourriture, justement celle que je donne à mes deux chats, peut-elle faire pousser une tête d'homme sur eux? Cette créature, fait-elle ses besoins naturels dans une litière ou dans une toilette? Sa nourriture, c'est quoi? Du Science Diet? Où vit cette bête? Dans un cirque?

J'espère que vous répondrez à mes questions. J'ai besoin de savoir. Je commence à croire que les scientifiques vont vraiment trop loin. Et votre compagnie a vraiment dépassé les bornes en créant une telle bête. Je crois que Dieu seulement a le droit de créer. L'homme doit se contenter d'être ce qu'il est, et non pas d'essayer de se prendre pour Dieu en changeant la nature qui nous entoure. Vous devriez cesser dès maintenant de produire ces êtres créés en laboratoire. Continuez à produire l'excellente nourriture pour chats Science Diet et laissez Dieu faire son travail.

En terminant, je tiens quand même à vous féliciter pour vos produits Science Diet. Ils tiennent mes deux chats (Terminator et MouseBuster) en parfaite santé. Je vous remercie de l'attention que vous porterez à ma lettre et j'attends de vous une réponse.

Faites-moi un clone de Pamela Anderson,

Martin H. Landry
1685, avenue Mailloux app. 5
Québec (Québec) G1J 4Z2

J'attends toujours une réponse

7 5

Québec, le 26 février 1997

Radio-Canada
Communications
Boîte postale 6000
Montréal (Québec)
H3C 3A8

Bonjour à vous, mes chers diffuseurs. Vous trouvez que vos cotes d'écoute ne sont pas assez bonnes? Et bien, sachez que bientôt, grâce à mes idées de génie pour vos jeux télévisés, vos cotes d'écoute seront les meilleures que vous ayez jamais eues.

Tout d'abord, pour remplacer l'insignifiante «Fa si la chanter», je vous propose un jeu où des concurrents feraient tourner une roue par une hôtesse habillée en petite tenue. Question de tenir en haleine l'auditoire masculin et de faire crier les hommes présents dans le studio. Cette roue, une fois arrêtée, indiquerait un montant d'argent qui servirait à acheter une lettre. Le but du jeu serait de compléter une phrase. Le premier participant qui y arrive gagnerait. Il y aurait aussi des variantes. Par exemple, au lieu d'acheter une lettre, le concurrent pourrait décider d'enlever un morceau de linge porté par la jolie hôtesse. Wow! Mais ce n'est pas tout!

J'ai pensé aussi à un jeu du genre «Fort Boyard». Mais cette fois, les tarentules seraient vraiment venimeuses et les tigres affamés ne seraient pas attachés ni placés dans des cages. Ce jeu serait plutôt une véritable épreuve de survie, un jeu que Jules César lui-même aurait aimé voir dans son Colisée de Rome. Deux concurrents lutteraient pour sortir d'un labyrinthe rempli de pièges mortels et sanglants de toutes sortes. Un labyrinthe d'où même Indiana Jones ne saurait sortir vivant. Des caméras filmeraient le tout du haut des airs, empêchant ainsi de perdre des cameramen et permettant aux auditeurs de savourer toute l'action. Les participants vous dégageraient de toutes responsabilités et seraient conscients des risques qu'ils encourent. Par contre, au gagnant de l'épreuve, ce serait une bourse importante et la célébrité qui l'attendraient. Ce jeu, j'en suis sûr, sera acheté par des chaînes de télévision étrangères. De quoi vous permettre d'y investir beaucoup d'argent.

Alors, donnez-moi de vos nouvelles à propos de mes idées. Il va sans dire que j'apprécierais être récompensé monétairement si mes idées sont adoptées un jour. Je vous remercie de votre attention.

Après «Que le meilleur gagne», voici «Que le plus faible crève»,

Martin H. Landry

Martin H. Landry
1685, avenue Mailloux app. 5
Québec (Québec) G1J 4Z2

CBC ⬤ SRC

SIXTY YEARS / SOIXANTE ANS

Montréal, le 23 avril 1997

Monsieur Martin H. Landry
1685, avenue Mailloux, app. 5
Québec (Québec) G1J 4Z2

Monsieur,

Nous accusons réception de votre lettre du 21 avril dans laquelle vous nous mentionniez que vous nous écrivez pour la deuxième fois. Après vérification, nous vous assurons que nous n'avons jamais reçu votre première lettre.

Vos suggestions de jeux télévisés ont été acheminées la Direction des émissions musique et variétés.

En vous remerciant de l'intérêt que vous portez à Radio-Canada, nous vous présentons, Monsieur, nos sincères salutations.

Danielle Coupal
Adjointe aux Communications

Relations écrites avec l'auditoire
Case postale 6000, succ. centre-ville
Montréal (Québec) H3C 3A8

Québec, le 7 mai 1997

Société Radio-Canada
Mme Danielle Coupal
Relations écrites avec l'auditoire
Boîte postale 6000, succ. Centre-ville
Montréal (Québec) H3C 3A8

Bonjour à vous, madame Coupal. Tout d'abord, je veux vous remercier d'avoir répondu à ma lettre du 26 février dernier. Dans cette lettre, je vous le rappelle, je faisais des suggestions d'émissions pour la Société Radio-Canada. Vous avez fait preuve de politesse en me répondant, contrairement à vos confrères des communications.

Dans votre lettre, vous m'avez paru très gentille et très jolie. Pour dire vrai, votre lettre a suscité en moi un désir immense de vous rencontrer. Si vous le voulez, je peux d'abord vous envoyer des photos de moi, pour ensuite se connaître mieux. Je sens que notre correspondance se traduira bientôt par un mariage heureux. De plus, je crois qu'il est logique pour vous qui travaillez présentement aux relations écrites avec l'auditoire de passer à l'étape suivante, soit d'avoir des relations sexuelles avec un auditeur.

Je vous écris aussi pour vous demander où en sont rendues mes idées d'émissions. En êtes-vous déjà à la production ? J'espère que vous n'avez quand même pas commencé les émissions sans moi ! Si vous en êtes encore à l'étude de mes idées, je tiens à être tenu au courant de tout développement. De plus, sachez que non seulement je suis un créateur, mais je me vois très bien aussi comme producteur de mes émissions. En fait, je rêve de faire passer des auditions à des jeunes femmes pour le rôle d'hôtesse en petite tenue pour mon jeu télévisé. J'ai d'ailleurs de nombreux costumes à la maison, tous trop petits et quelques-uns transparents, que j'aimerais leur faire essayer pour le rôle. J'ai aussi d'autres idées pour « sélectionner » celle qui deviendra l'hôtesse, mais je ne vous connais pas encore assez pour vous en parler plus. J'ai peur de vous choquer.

En terminant, je vous remercie de l'attention que vous porterez à ma lettre ainsi qu'à ma demande de rencontre. J'attends impatiemment de vos nouvelles. Merci encore et à la prochaine !

J'ai hâte de vous rencontrer,

Martin H. Landry

Martin H. Landry
1685, avenue Mailloux app. 5
Québec (Québec) G1J 4Z2

Canadian Broadcasting
Corporation
Société Radio-Canada

CBC ((●)) Radio-Canada

Le 9 mai 1997

Monsieur Martin H. Landry
1685 ave. Mailloux #5
Québec, Qc
G1J 4Z2

Monsieur Landry

Nous avons bien reçu votre lettre du 26 février dernier, lettre dans laquelle vous nous faisiez part de 2 projets d'émissions pour remplacer celles que nous mettons déjà en ondes.

J'ai le regret de vous annoncer que vos idées n'ont pas été retenues par notre comité d'évaluation de projets.

Nous vous remercions de l'intérêt que vous portez à la Société Radio-Canada et vous prions d'agréer, monsieur Landry, l'expression de nos sentiments les meilleurs.

Suzanne de Cardenas
Déléguée à la production extérieure
Société Radioo-Canada

CBC 0875 B-f (02/97)

Québec, le 3 mars 1997

Québécor
M. Pierre Péladeau
612, Saint-Jacques Ouest
Montréal (Québec)
H3C 4M8

Bonjour à vous, M. Péladeau. Je vous remercie de prendre le temps de lire cette lettre malgré votre horaire si chargé. Sans perdre plus de temps, voici la raison de cette lettre.

Vous qui êtes un homme d'affaires accompli, qui avez réussi à monter un véritable empire financier et industriel en partant de peu, je me suis dit : « Voilà la personne qui peut m'aider ! ». J'ai moi aussi des idées et des projets à accomplir, comme vous à mon âge. Ce qui me manque, c'est une personne qui pourrait être à mes côtés, une personne qui me conseillerait dans mes projets et me motiverait à les mener à terme. Je sais que vous être très occupé, mais dans vos rares temps libres, vous pourriez réviser mes plans d'affaires, me conseiller, venir avec moi à la banque pour fermer la gueule du gérant qui a refusé mon prêt, négocier avec mes fournisseurs, etc.

Imaginez un peu la tête des gens lorsqu'ils verront que M. Pierre Péladeau lui-même est impliqué avec moi dans mes projets. Je vois déjà mon minable gérant de banque, qui m'a dit non la semaine dernière, vous voir arriver à bord de votre hélicoptère dans le stationnement de la banque. Une fois sorti de l'hélico, je vous accompagnerais jusqu'à son bureau pour finalement me faire lécher les pieds cinq minutes plus tard par ce même gérant, tout en vous écoutant lui lancer des bêtises par la tête. Ah, j'en bave déjà.

J'espère, cher M. Péladeau, que vous allez répondre à ma lettre. Soyez assuré par contre que je comprendrais un refus de votre part, dû au manque de temps à consacrer à ma cause. Dans ce cas, un léger montant d'argent de votre part pourrait très bien m'aider tout autant. Ce montant m'aiderait à financer mes projets. Si vous refusez de me donner de l'argent, j'aimerais savoir si un endossement personnel de votre part pour un prêt serait possible. M. Péladeau, je termine cette lettre en vous remerciant de m'avoir consacré du temps et en espérant ne pas vous avoir offusqué en vous demandant toutes ces faveurs. Merci encore !

J'espère que vous avez plus de cœur que de menton,

Martin H. Landry
Martin H. Landry
1685, avenue Mailloux app. 5
Québec (Québec) G1J 4Z2

Montréal, le 25 mars 1997

Monsieur Martin H. Landry
1685, ave Mailloux app. 5
Québec (Québec)
G1J 4Z2

Monsieur,

Nous avons bien reçu votre lettre du 3 mars par laquelle vous sollicitez notre soutien financier afin de vous aider à réaliser vos projets.

Malheureusement, nous avons le regret de vous informer que nous ne pourrons donner suite à votre demande. Nous recevons un nombre considérable de requêtes et comme nous ne pouvons accéder à chacune d'elles, Quebecor a choisi d'accorder son soutien à des organismes plutôt qu'à des particuliers afin de venir en aide au plus grand nombre possible de personnes.

M. Pierre Péladeau vous recommande cependant d'être accompagnée d'un comptable lorsque vous rencontrerez un gérant de banque ou de caisse. Il est aussi d'avis, qu'il est souvent nécessaire d'en voir plusieurs avant de trouver celui qui sera sensible à votre projet.

Nous vous encourageons à persévérer dans vos efforts et vous souhaitons bonne chance dans l'atteinte de vos objectifs.

Veuillez agréer, Monsieur, l'expression de nos sentiments distingués.

Bernard Bujold
Adjoint au président

BB/mb

QUEBECOR INC.
612, RUE SAINT-JACQUES
MONTRÉAL (Qc) H3C 4M8
C A N A D A
TÉL.: (514) 877-9777
TÉLÉCOPIEUR: (514) 877-9757

Québec, le 10 mars 1997

Loto-Québec
Communications
2014, boul. Charest Ouest
Québec (Québec) G1N 4N6

Bonjour, chers vendeurs de loteries. Avec cette lettre, je me décide enfin à vous écrire. Après toutes ces années à occuper un emploi que je hais, à endurer une patronne qui me harcèle sexuellement (elle prend plaisir à me photocopier le membre), j'ai décidé de tenter ma chance à la loterie. Gagner le gros lot, voilà la seule chance que j'ai de quitter cet emploi avant de virer fou!

M'étant rendu à cette conclusion, je me suis mis à étudier comment gagner à différents jeux de hasard. Cela fait maintenant plus de huit ans que j'étudie toutes vos loteries. J'ai même, durant ces huit années, complété une maîtrise en mathématiques pour être en mesure de compiler toutes les données que j'ai amassées. Avec mes connaissances mathématiques et statistiques, j'approche de mon but.

Je suis maintenant en mesure de choisir des combinaisons gagnantes au 6/49 et au 6/42, grâce à ma méthode de calcul. Cette méthode me permet de déterminer avec précision les prochains chiffres gagnants en tenant compte du nombre de parutions/chiffres, du nombre de tirages effectués, du lot à être tiré, des profits à être réalisés par Loto-Québec, du poids de la personne qui annonce les numéros gagnants et du nombre de personnes qui ont choisi l'Extra.

Je peux aussi choisir des gratteux gagnants grâce à mon calcul précis d'insertion des gratteux gagnants. Je suis en effet en mesure de calculer, selon une méthode personnelle, l'insertion proportionnelle aléatoire numérique et variable selon le nombre de gratteux imprimés et vendus dans les différents points de vente au Québec. Le tout en tenant compte de la température, de la pression atmosphérique de chaque région du Québec et du nombre de clients qui attendent pour acheter des billets.

Alors, avant que je me mette à vendre ma maison pour m'acheter des billets gagnants, acculant ainsi Loto-Québec à la faillite, je préfère vous offrir mes services. Grâce à vous, je pourrais quitter ma patronne et permettre aux québécois de profiter encore longtemps de Loto-Québec. J'attends de vos nouvelles concernant mon offre. Je vous remercie de l'attention que vous porterez à ma lettre.

De l'homme qui calcule plus vite que son ombre,

Martin H. Landry
Martin H. Landry
1685, avenue Mailloux app. 5
Québec (Québec) G1J 4Z2

Montréal, le 29 avril 1997

Monsieur Martin H. Landry
1685, avenue Mailloux, app. 5
Québec (Québec)
G1J 4Z2

Monsieur,

J'ai bel et bien reçu votre première lettre, que j'avais mise de côté en raison du ton plutôt inusité de vos propos.

Puisque vous désirez offrir vos services, je vous suggère d'acheminer votre curriculum vitae à notre Direction des ressources humaines. L'adresse est la suivante : Loto-Québec, 500, rue Sherbrooke Ouest, 19e étage, Montréal, H3A 3G6.

Je vous prie d'agréer, Monsieur Landry, l'expression de nos sentiments les meilleurs.

Jean-Pierre Roy
Directeur de l'information

Québec, le 12 mars 1997

Pepsi-Cola
Relations publiques
3700, boul. Timmins
Ville Saint-Laurent (Québec)
H4R 1T8

Salut à vous qui me faites roter et qui aidez mon estomac à digérer mes chips. Oui, grâce à vous, j'ai réussi à gagner le concours du plus gros rot de ma section au club Optimistes. Je me suis par le fait même qualifié pour le concours provincial. Je tenais à vous en remercier. Vous m'avez aidé à gagner une bourse de 75 $. Merci!

L'épreuve consiste à roter dans un instrument qui mesure les décibels. Les règlements permettent aux participants de boire 500 ml de liquide avant de roter. Certains utilisent du Ginger Ale, de la bière, moi c'est du Pepsi. Et ça marche, croyez-moi! J'ai fait, lors de ce concours, un rot de plus de 105 décibels, ce qui constitue mon record personnel. Je crois être en mesure de gagner le provincial. La gloire est à ma portée si je remporte cette épreuve. Par contre, j'ai payé le prix fort pour me rendre à ce niveau. Je me pratiquais en vue de cette épreuve à la maison et cela écœurait ma femme de m'entendre roter. Elle disait que je l'empêchais d'écouter sa télévision tellement je rotais fort. En plus, toujours selon elle, il paraît que je répandais une mauvaise odeur dans la maison, surtout quand j'avais mangé un plat contenant de l'ail et des oignons. Elle a demandé le divorce. Mais assez parlé de mes problèmes.

Ce que je vous demande, c'est de me commanditer. Vous me donneriez de l'argent pour couvrir les dépenses de compétitions. En échange, je porterais un gilet aux couleurs de Pepsi et je boirais bien sûr du Pepsi lors des compétitions. Vous pourriez même vous servir de mon talent pour faire de la publicité. Je vois déjà des slogans du genre : « Pepsi, ça vous en débouche un coin »; « Pepsi, Bbbuuurrrppp! Digérez mieux avec Pepsi ». J'espère que vous serez intéressés. Sinon, je songe à présenter la même offre à un de vos compétiteurs. Mais soyez assurés que Pepsi reste mon premier choix.

Pour terminer, je vous remercie de votre attention et j'attends une réponse de votre part, même si c'est un refus. Si vous désirez m'entendre roter avant de discuter affaires, je suis prêt à me rendre à vos bureaux. Vous n'avez qu'à me donner un rendez-vous.

Avant que je rote dans vos bureaux, faudra enlever les décorations,

Martin H. Landry
1685, avenue Mailloux app. 5
Québec (Québec) G1J 4Z2

Le 7 mai 1997

Monsieur Martin H. Landry
1685, ave Mailloux, #5
Québec, Québec
G1J 4Z2

Monsieur,

Nous avons reçu votre demande de commandite et désirons vous remercier de l'intérêt que vous avez manifesté à l'égard de notre entreprise.

Notre participation à titre de commanditaire est toujours guidée par la stratégie de produits et ce, pour chacune de nos marques. Après analyse de votre proposition, nous devons vous informer que nous ne pourrons malheureusement pas être votre partenaire pour votre projet.

Merci de votre collaboration et veuillez accepter, Monsieur, l'expression de nos sentiments les meilleurs.

BREUVAGES PEPSI-COLA CANADA

Patrick English
Coordonnateur des Événements Spéciaux

DIVISION DE PEPSI-COLA CANADA LIMITÉE
3700 BOUL. THIMENS, VILLE ST-LAURENT, QUÉBEC H4R 1T8 • (514) 332-3770 • TÉLÉCOPIEUR : (514) 332-5671

Québec, le 10 mars 1997

Régie des alcools, des courses et des jeux
Communications
1281, boul. Charest Ouest
Québec (Québec) G1N 4 K7

Bonjour à vous, chers contrôleurs des jeux et des loteries. Vous qui surveillez sans relâche ceux qui font des concours, des bingos et des événements de toutes sortes, je vous dis bravo pour votre excellent travail. Si je vous écris, c'est justement pour vous demander de m'envoyer toutes les informations nécessaires au lancement de nouveaux combats que je veux effectuer.

Je travaille depuis maintenant deux ans à trouver un moyen de me faire rapidement de l'argent. J'en suis arrivé à la conclusion que je devrais tenir des combats où les gens paieraient leurs entrées et pourraient parier de l'argent. De cette façon, je serais riche et je pourrais, entre autres, avoir toutes les nanas que je veux.

Je vais vous dire brièvement mes idées originales. De grâce, gardez les secrètes car je ne veux pas me faire voler mes idées. Par exemple, j'ai pensé à des combats de chats. Je possède présentement deux chats, griffés bien sûr, et je les entraîne depuis déjà 17 mois. Ils mangent seulement de la viande hachée crue. Je les excite pour les rendre très agressifs. Aussi, je les fait courir avec des poids pour développer leur musculature. Lorsque je nettoie leur cage, je dois porter un habit de scaphandre à cause de leurs griffes. Une fois, par mégarde, j'avais laissé la porte de la maison ouverte. Un de mes chats est alors sorti pour se ruer sur le chat de la voisine. Quel carnage. Je revois encore avec horreur ce pauvre chat se faire ouvrir l'abdomen par le monstre que j'avais créé. Plus d'une semaine après cet incident, j'ai même retrouvé un œil de ce pauvre chat sous mon divan. Mes deux chats jouaient avec! Imaginez l'intérêt qu'auraient les gens à assister (en payant, bien sûr) à mes combats de chats.

De plus, pour les cœurs sensibles, j'ai pensé à des combats de vers de terre. Pris dans une boîte, deux vers ou plus doivent se ruer vers la sortie où seul un ver peut passer. Pour les faire courir, une main experte leur chauffe le derrière avec un briquet. Au ver qui échoue, c'est la mort par le feu qui l'attend. Les fois où j'ai tenu de telles courses, les familles ont adoré. Alors, j'attends avec impatience toute votre documentation. Je vous remercie de l'attention que vous porterez à ma lettre.

Fini la lutte et la boxe, vive les chats «Rocky» et «Killer»,

Martin H. Landry

Martin H. Landry
1685, avenue Mailloux app. 5
Québec (Québec) G1J 4Z2

J'attends toujours une réponse

Québec, le 14 mars 1997

Secrétariat à la jeunesse
Communications
875, Grande-Allée Est
Québec (Québec)
G1R 5W5

Salut les jeunes! Maudit que ça doit être trippant de travailler chez-vous! Toute une gang de jeunes ensemble à travailler, wow! Il doit y en avoir beaucoup des rapports à produire dans vos bureaux. Surtout des rapports sexuels! Ha, ha!

Les jeunes, si je vous écris cette lettre, c'est que moi aussi j'ai déjà été jeune. Malheureusement, aujourd'hui j'ai 54 ans et je m'ennuie à mourir. Je rêve de travailler avec vous dans votre secrétariat à la jeunesse. Ce que je peux vous apporter, c'est mon expérience de la vie. J'ai fait le Viêtnam et la Corée, des trips de L.S.D., voyagé au Népal et au Tibet, aussi un peu de prison. Je pourrais vous transmettre tout mon savoir et aussi mes maladies vénériennes. Vous allez voir que même à 54 ans, il n'y a pas que mes journées qui sont longues!

Si vous n'êtes pas intéressés par mes services, tant pis pour vous! Cependant, j'aimerais que vous me donniez au moins des informations sur vos services. Que fait au juste votre secrétariat? Faites-vous des recherches sur la jeunesse? Avez-vous trouvé le secret de la jeunesse éternelle? Des crèmes pour faire partir les rides? Je veux que vous sachiez que je me porte volontaire pour toutes sortes d'expériences que vous voulez faire. Je suis prêt à être un cobaye pour vous. N'importe quoi pour retrouver cette jeunesse qui me manque tant. Je souhaite tant voir mes rides disparaître de mon visage. Avez-vous des traitements miracles? Avez-vous une machine à voyager dans le temps? Répondez-moi, je vous en prie.

De plus, dites-moi si c'est vrai tout ce qu'on dit sur les jeunes d'aujourd'hui. Paraît que vous baisez tout le temps. Maudite marde, si c'est vrai, alors je ne suis pas né dans les bonnes années. Dans mon temps, on sortait avec un chaperon. En terminant, je vous remercie de votre attention. N'oubliez pas de me répondre. Salut!

J'aimerais voir si mon ginseng et ma gelée royale sont efficaces,

Martin H. Landry
Martin H. Landry
1685, avenue Mailloux app. 5
Québec (Québec) G1J 4Z2

J'attends toujours une réponse

Québec, le 14 mars 1997

Télé-Métropole
Communications
Boîte postale 170, station C
Montréal (Québec)
H2L 4P2

Salut! Je vous écris pour vous demander des informations. J'ai une idée de télésérie que je veux vous proposer. Je vais vous dévoiler en gros mon idée et de votre côté vous pourriez me renseigner sur les façons de vous vendre cette télésérie. Allez-vous me proposer d'écrire le scénario, de la réaliser ou juste m'offrir un montant d'argent très appréciable pour m'acheter les droits? Répondez-moi!

Ma télésérie consisterait en quatre épisodes d'une heure. La série mettrait en vedette un fonctionnaire québécois qui, la nuit venue, se transforme en «Trombone Man». Ce héros, fantasme inavoué de tout bureaucrate, doit rendre justice à ces fonctionnaires lésés dans leurs droits, bafoués dans l'opinion publique et malmenés par leur patron. Il doit aussi les venger des coupures effectuées. Pour réaliser ses exploits, il utiliserait des produits communs de bureau. Son outil favori serait un trombone, d'où son nom «Trombone Man». Avec cette arme fétiche, aucune serrure ne lui résisterait. Par contre, gare à lui s'il la perdait. Car sans son trombone, ce héros perdrait ses forces. Cela amènerait des situations compromettantes pour notre héros.

Son exploit ultime, diffusé lors du dernier épisode, consisterait à faire exploser, grâce à un fax piégé, le Complexe G de Québec. Cet édifice est un puissant symbole de la fonction publique et est une représentation phallique de l'État. Notre héros en arrive là après avoir constaté qu'il se bat contre un système désuet, déconnecté de la réalité. La seule solution est de tout détruire et de recommencer à neuf avec de nouvelles conventions collectives.

Avec cette série, TVA attirerait tous les fonctionnaires de l'État québécois ainsi que leur famille. Ils auraient l'occasion de se défouler virtuellement des coupures du gouvernement. Ils jouiraient lorsqu'ils verraient la grande finale de l'explosion. De quoi vous garantir de très bonnes cotes d'écoute. Pour finir, je vous remercie de votre attention et j'attends de vos nouvelles. Merci!

Si vous ne voulez pas recevoir des brocheuses dans le front, laissez Trombone Man faire son travail,

Martin H. Landry

Martin H. Landry
1685, avenue Mailloux app. 5
Québec (Québec) G1J 4Z2

Montréal, le 29 avril 1997

TVA

Monsieur Martin H. Landry
1685, avenue Mailloux, app. 5
Québec (Québec)
G1J 4Z2

Monsieur Landry,

J'accuse réception de votre correspondance du 14 mars dernier par laquelle vous nous soumettez votre projet d'émission.

Toutefois, comme la question relève du service de la programmation, je transmets votre projet à madame Marleen Beaulieu, directrice des productions.

Je vous prie d'agréer, Monsieur Landry, l'assurance de mes sentiments les meilleurs.

Claire Bergeron
Coordonnatrice
Communications

c.c.: Madame Marleen Beaulieu

Télé-Métropole inc.
1600, boulevard de Maisonneuve Est, Montréal (Québec) H2L 4P2
Téléphone: (514) 526-9251
TM-343

Québec, le 8 mai 1997

Télé-Métropole
Mme Claire Bergeron
Coordonnatrice aux communications
1600, boul. de Maisonneuve Est
Montréal (Québec) H2L 4P2

Bonjour à vous, Mme Bergeron. Je veux d'abord vous remercier d'avoir répondu à ma lettre du 14 mars. Dans cette lettre, je vous le rappelle, je vous faisais part de mon idée de télésérie avec un héros sorti tout droit de mon imagination, « Trombone Man ». Aujourd'hui, je vous écris pour savoir où vous en êtes rendue avec cette idée et aussi pour vous donner une autre idée fort géniale et prometteuse.

Premièrement, j'ai pensé à un jeu télévisé faisant appel à des chômeurs et à des assistés sociaux. Comme il y en a beaucoup trop présentement au Québec, cela vous donnerait un très grand bassin de joueurs et d'auditeurs potentiels. Je ne veux pas trop vous en dévoiler dans cette lettre, de peur de me faire voler mes idées. Par contre, je vous en dirai beaucoup plus lors d'une rencontre personnelle avec les décideurs de la programmation. Je vais vous en dire juste un peu, question de susciter votre intérêt.

Le jeu télévisé serait tourné dans un décor de casino, question de faire rêver les chômeurs et les assistés sociaux. Le « gros lot » serait gagné par l'unique gagnant de l'épreuve ultime, soit le jeu de la roulette russe. Bien qu'impardonnable pour les perdants, ce jeu rapporterait quand même une somme d'argent plus qu'intéressante pour le gagnant. Comme les assistés sociaux et chômeurs sont aujourd'hui prêts à tout, vous ne devriez avoir aucun mal à trouver des concurrents pour ce jeu. Aussi, entre vous et moi, bien des gens seraient contents de voir sous leurs yeux ces parasites se faire éclater la cervelle par un Magnum 357. Ils s'imagineraient alors leurs taxes et leurs impôts baisser et ce, grâce à Télé-Métropole et à son jeu de roulette russe. Et pour éviter de choquer les cœurs trop sensibles, un simple avertissement au bas de l'écran au début de l'émission les avertirait que des images pourraient les déranger.

Je crois que ce jeu serait très populaire, les gens sont prêts à avoir des jeux télévisés qui sortent de l'ordinaire et même s'il y a un peu de sang, qui n'en a pas déjà vu? Je termine cette lettre en vous remerciant de votre attention et j'attends votre réponse.

Un slogan pour ce jeu : « Allez-y. Vous n'avez rien à perdre ! »

Martin H. Landry
Martin H. Landry
1685, avenue Mailloux app. 5
Québec (Québec) G1J 4Z2

Montréal, le 14 mai 1997

TVA

Monsieur Martin H. Landry
1685, avenue Mailloux, app. 5
Québec (Québec)
G1J 4Z2

Monsieur Landry,

J'accuse réception de votre lettre du 8 mai dernier concernant votre projet d'émission.

Je transmets votre correspondance à madame Marleen Beaulieu, directrice des productions au service de la programmation.

Veuillez agréer, Monsieur Landry, l'assurance de mes sentiments les meilleurs.

Claire Bergeron
Coordonnatrice
Communications

c.c.: Madame Marleen Beaulieu

Télé-Métropole inc.
1600, boulevard de Maisonneuve Est, Montréal (Québec) H2L 4P2
Téléphone: (514) 526-9251
TM-343

Québec, le 20 mars 1997

Régie de la sécurité dans les sports du Québec
Communications
100, Laviolette
Trois-Rivières (Québec)
G9A 5S9

Bonjour à vous qui travaillez afin que l'on ait moins de blessures et d'accidents en pratiquant nos sports favoris. Grâce à vous, les Québécois peuvent pratiquer leurs sports favoris en toute sécurité.

Mais justement, je vous écris car je trouve que vos règlements ne sont pas encore assez sévères. Encore aujourd'hui, trop de gens se blessent et même se tuent en pratiquant des sports. Je vous suggère donc des règlements et des équipements qui permettraient de mettre fin à ces accidents mortels et de diminuer le nombre de blessures.

Tout d'abord, pour éviter des accidents au golf, je propose un bâton de golf fait de styromousse style Nerf. Ce bâton permettrait d'éviter les blessures au tibia si on le frappe par mégarde. De plus, si on échappe le bâton lors de notre élan, on ne risquerait pas de briser le crâne d'un des joueurs qui nous entoure, contrairement à ce qui pourrait arriver avec un vrai bâton. Aussi, la balle frappée par ce bâton irait moins vite, ce qui prolongerait le plaisir de la partie. De plus, si on devait frapper un joueur par accident avec une balle de golf, autant le faire avec un bâton qui frappe mollement plutôt qu'avec un bâton régulier qui frappe trop fort.

Aussi, pour réduire les accidents en Formule 1, je propose que vous réglementiez la vitesse maximale lors des courses. Un maximum de 110 km/ h permettrait aux pilotes de mieux voir la piste et les autres voitures. Vous pourriez aussi obliger les constructeurs automobiles de doter leurs voitures de coussins gonflables. Ce sont des mesures qui peuvent vous sembler extrêmes, mais on doit se rappeler les morts de Ayrton Senna et de Gilles Villeneuve.

Pour terminer, j'aimerais vous montrer mon casque protecteur pour cycliste. Il est fait d'acier, contient de l'eau et a un diamètre de 48 pouces. Ce casque absorbe tous les chocs. Il pèse par contre 32 livres. J'aimerais vraiment que vous le voyez. Je vous remercie de votre attention et donnez-moi vos commentaires à propos de mes suggestions. Répondez-moi !

Pas de commotion cérébrale avec mon casque de vélo,

Martin H. Landry
Martin H. Landry
1685, avenue Mailloux app. 5
Québec (Québec) G1J 4Z2

**Régie de la sécurité
dans les sports
du Québec**

Bureau du Président

Le 7 mai 1997

Monsieur Martin H. Landry
1685, ave Mailloux # 5
Québec, Québec G1J 4Z2

Monsieur,

J'ai bien reçu votre lettre du 5 mai 1997 ainsi que votre lettre précédente à la Régie de la sécurité dans les sports du Québec et je vous en remercie.

Les suggestions que vous nous faites en date du 20 mars 1997 ne semblent pas a priori nous permettre d'atteindre un objectif fondamental à toutes nos actions à savoir de proposer un cadre sécuritaire maximal aux pratiquants d'une activité sans toutefois dénaturer la discipline visée. En conséquence, nous ne pourrons donner suite à ces suggestions.

Je vous remercie de votre correspondance et je vous prie d'agréer, Monsieur, l'expression de mes sentiments les meilleurs.

Le Président-directeur général par intérim,

Jean-Pierre Bastien

V:\DATA\RESSOURC\PRESIDEN\BASTIEN\LANDRY.LET

Hommage au civisme

Récompenses, décorations ou distinctions pour actes de civisme

Le gouvernement du Québec rend hommage à des citoyennes et des citoyens qui ont porté assistance à des personnes dont la vie était en danger. Il leur accorde des récompenses, décorations et distinctions en vertu de la *Loi visant à favoriser le civisme* (L.R.Q., c. C-20).

Tout citoyen qui considère qu'une personne a accompli un acte de civisme, dans des circonstances difficiles, et même périlleuses, peut proposer le nom de cette personne au Comité sur le civisme. L'acte de civisme doit avoir été accompli entre le 1er janvier 1996 et le 31 décembre 1996.

La proposition doit contenir les renseignements suivants :

❶ Nom, adresse et numéro de téléphone de la personne proposée (si cette dernière est décédée, les coordonnées d'un parent ou d'un ami)

❷ Description de l'acte de civisme avec mention de la date de l'événement

❸ Nom et adresse des témoins

❹ Nom du service de police qui a couvert l'événement, s'il y a lieu

❺ Nom, adresse et numéro de téléphone de la personne qui propose (Une personne ne peut se proposer elle-même.)

La proposition doit être acheminée au plus tard le 1er mai 1997 à l'adresse suivante :

Comité sur le civisme
Ministère des Relations avec les citoyens
et de l'Immigration
Direction des communications
360, rue McGill, bureau 2.09
Montréal (Québec)
H2Y 2E9

Le dépliant d'information «Hommage au civisme» est disponible à la Direction des communications du ministère et aux bureaux de Communication-Québec. Il comporte un formulaire de proposition.

Pour de plus amples renseignements, composez le (514) 873-2445 ou le 1 800 465-2445.

Gouvernement du Québec
**Ministère des Relations avec les citoyens
et de l'Immigration**

Québec ⬛⬛

Québec, le 26 mars 1997

Comité sur le civisme
Ministère des Relations avec les citoyens et de l'Immigration
Direction des communications
360, McGill, bureau 2.09
Montréal (Québec) H2Y 2E9

Bonjour à vous! Par la présente, je vous propose une candidature d'un citoyen qui, selon moi, a accompli un acte de bravoure et d'héroïsme. J'espère donc que ma candidature sera choisie par vous pour récompenser ce citoyen pour son acte de civisme.

La personne que je vous propose est mon voisin, M. Robert Dupuis. Il demeure au 1685, avenue Mailloux, appartement 6, à Québec. J'ai été le seul témoin de son acte.

Laissez-moi vous dire ce qu'il a fait. C'est arrivé le 24 décembre 1996, la veille de Noël. Je dois d'abord vous préciser que ma femme est plutôt violente avec moi. Elle pèse plus de 214 livres et lève 255 livres au bench press. Quant à moi, je mesure 5' 3» et pèse 135 livres. Vous comprenez donc que j'ai intérêt à lui obéir. Et en ce 24 décembre, je devais m'habiller en Père Noël pour donner les cadeaux à ma femme et nos deux enfants. C'est alors que j'ai réalisé que j'avais oublié d'aller me procurer un costume de Père Noël. Depuis déjà trois semaines que ma femme me disait d'aller m'acheter un tel costume. Mais je ne l'avais pas fait.

Je devais donc trouver de quoi m'habiller en Père Noël ou c'était le rouleau à pâte de ma femme qui m'attendait. Ou pire, elle pourrait m'obliger à subir ses fantasmes sexuels. Par exemple, marcher sur moi avec ses talons hauts tout en me tenant avec la laisse du chien. Après quelques cris de ma part, elle arrive habituellement à jouir.

Cela vous illustre un peu ce que je vivais à ce moment. C'est alors que mon voisin a accompli son acte de bravoure. Je l'ai appelé et malgré les risques possibles pour lui, il a pris tout son courage et son costume pour venir faire le Père Noël pour ma famille. Mon voisin n'a pas déçu ma femme, n'a pas été frappé par elle et a même réussi à faire croire aux enfants qu'il était le vrai Père Noël. Il m'a par le fait même sauvé d'une situation critique. Je crois donc qu'il mérite d'être décoré par vous. Je termine cette lettre en vous remerciant de votre attention. J'attends votre réponse.

Une chance qu'il était là, sinon j'y goûtais,

Martin H. Landry
Martin H. Landry
1685, avenue Mailloux app. 5
Québec (Québec) G1J 4Z2

Gouvernement du Québec
**Ministère des Relations avec les citoyens
et de l'Immigration**

Hommage au civisme

Montréal, le 23 mai 1997

Monsieur Martin H. Landry
1685, avenue Mailloux
Appartement 5
Québec (Québec)
G1J 4Z2

Objet :   **Monsieur Robert DUPUIS
N/D : 97-0028**

Monsieur,

Pour faire suite à votre proposition pour acte de civisme en faveur de **monsieur Robert Dupuis**, nous regrettons de vous informer que les vérifications effectuées dans le dossier ne nous permettent pas d'assimiler ce geste aux critères présidant à l'attribution de décorations, distinctions ou récompenses en vertu de la Loi visant à favoriser le civisme.

Soyez assuré, Monsieur, que cette décision ne porte aucunement atteinte à la valeur du geste qu'il a accompli lors des circonstances que vous avez portées à notre connaissance.

Nous vous remercions de l'intérêt que vous avez manifesté envers le civisme.

Le Secrétaire,

JEAN-CLAUDE COUTURE

Québec, le 19 mars 1997

Ministère des Relations avec les citoyens et de l'Immigration
Communications
360, rue McGill
Montréal (Québec)
H2Y 2E9

Bonjour à vous tous ! Puisque vous travaillez dans ce ministère qui s'occupe de relations avec les citoyens, vous devez sûrement être des spécialistes dans le domaine des relations. Justement, si je vous écris, c'est que j'estime que vous allez pouvoir m'aider. Je suis présentement en chicane avec mon voisin et j'aimerais que vous m'aidiez à mettre fin à nos disputes.

Cette chicane entre voisins a débuté lorsque j'ai tué par accident le chat de mon voisin. Même en pleine tempête de neige, mon voisin avait la fâcheuse habitude de laisser sortir dehors son chat tout blanc. Justement, ce qui devait arriver arriva. Lors d'une tempête, je passais ma souffleuse pour déblayer mon entrée. Je n'ai jamais vu le chat du voisin qui se promenait sauf lorsqu'il a été propulsé en mille morceaux par ma souffleuse. C'est alors que mon voisin et sa femme sont sortis de leur maison en hurlant. Imaginez, leur chat était comme un enfant pour eux et je venais de le tuer.

En plus, comble de la bêtise, en pensant les consoler je leur ai dit que grâce à moi ils n'auront plus de litière à nettoyer ni à vider. Croyez-moi, ce n'était pas la chose à dire dans une telle situation. Mes voisins étaient furieux. Je leur ai proposé de leur acheter un autre chat mais ils ne voulaient plus rien savoir de moi. Ils croient que je leur porte malheur. C'est vrai qu'il y a deux ans maintenant, j'écrasais leur chien avec mon auto. Encore là, c'était un accident bête. Leur chien étant noir et moi aveuglé par le soleil, je n'ai jamais aperçu ce chien couché sur l'asphalte de mon entrée sauf lorsque je l'ai vu dans le miroir de mon auto. Le chien n'était pas beau à voir. Mon auto, alors chargée de 2000 livres de terre que je devais mettre dans ma cour, l'a carrément aplati.

Inutile de vous en raconter plus. Vous comprenez sans doute que les relations entre mes voisins et moi ont besoin d'être améliorées. Ce que je vous demande, à vous les spécialistes des relations avec les citoyens, c'est ce que je dois faire pour me réconcilier avec eux. J'attends votre réponse et je vous remercie de votre attention.

Souhaitez-moi de ne jamais réussir à tuer leur perruche,

Martin H. Landry
Martin H. Landry
1685, avenue Mailloux app. 5
Québec (Québec) G1J 4Z2

J'attends toujours une réponse

Québec, le 26 mars 1997

Ministère des Finances
M. Bernard Landry
Ministre des Finances
12, rue Saint-Louis
Québec (Québec)
G1R 5L3

Bonjour à vous, monsieur Landry. Je vous écris cette lettre un jour après le dépôt de votre deuxième budget pour vous faire des suggestions pour votre prochain budget. En fait, c'est une offre de mes services à titre de conseiller que je vous fais.

Allons droit au but. La situation des finances de la province n'est guère reluisante et les gens fraudent l'État à la moindre occasion. Ce que je propose, c'est de mettre fin une fois pour toutes à l'économie souterraine. Trop de revenus ne sont pas déclarés et le gouvernement voit alors trop d'impôts et de taxes lui échapper.

Ma solution pour mettre fin à cette situation est de fixer une retenue sur le salaire net de 94 %. Les employés toucheraient très peu d'argent comptant de leur employeur, soit 6 % de leur salaire net. Le reste de leur salaire gagné serait versé par l'État sous forme de bons ou de coupons échangeables contre divers services. Par exemple, mon salaire hebdomadaire est de 1000 $ net. Je recevrais 60 $ en argent comptant de mon employeur et l'État me verserait des coupons échangeables pour une valeur de 940 $. Je pourrais alors choisir si je veux des coupons de nourriture, d'alcool, etc.

Il n'y aurait alors plus de marché noir. Les commerçants seraient payés exclusivement par ces coupons et non en argent comptant. Le peu d'argent comptant que les gens auraient en leur possession leur servirait pour s'acheter des produits entre eux, question de leur faire sentir un peu de liberté et de les tenir tranquilles.

Avec mon système, l'État contrôlerait enfin ses citoyens et leurs revenus. Pour ceux qui boivent trop, fini les coupons d'alcool. Les coupons seraient identifiés au porteur, ce qui éviterait les échanges de coupons entre citoyens. Ce système inculquerait de meilleures valeurs aux citoyens et renflouerait les coffres du gouvernement. J'espère que vous me donnerez des nouvelles sur mon système. Sachez également que je suis prêt à quitter mon emploi pour me joindre à votre équipe de conseillers. Je vous remercie de votre attention.

Oubliez Big Brother, ce sera plutôt Crazy Bernard,

Martin H. Landry

Martin H. Landry
1685, avenue Mailloux app. 5
Québec (Québec) G1J 4Z2

**Gouvernement
du Québec**

Cabinet du Vice-Premier ministre
et ministre d'État de l'Économie
et des Finances

Québec, le 16 avril 1997

Monsieur Martin H. Landry
1685, avenue Mailloux, app. 5
Québec (Québec) G1J 4Z2

Monsieur,

Au nom du vice-premier ministre et ministre d'État de l'Économie et des Finances, monsieur Bernard Landry, j'accuse réception de votre lettre du 26 mars dernier concernant des suggestions pour mettre fin à l'économie souterraine.

Vos commentaires ont été portés à l'attention de monsieur Landry et soyez assuré qu'il en a pris bonne note.

Veuillez agréer, Monsieur, l'expression de mes salutations distinguées.

Catherine Leconte,
conseillère, Finances et Revenu

12, rue Saint-Louis
1er étage
Québec (Québec)
G1R 5L3

Téléphone   : (418) 643-5270
Télécopieur : (418) 643-6626

Place Mercantile
770, rue Sherbrooke Ouest
7e étage
Montréal (Québec)
H3A 1G1

Téléphone   : (514) 982-2910
Télécopieur : (514) 873-6049

Québec, le 3 avril 1997

Société de transport de la
Communauté urbaine de Québec
Communications
720, rue des Rocailles
Québec (Québec) G2J 1A5

Salut à vous mes chers chauffeurs et mécaniciens ! Le service que vous offrez me tient à cœur et vous me permettez de me déplacer où je veux aller. Je vous remercie pour votre bon travail, mais je tenais quand même à vous écrire pour vous faire des suggestions qui, je crois, pourraient améliorer votre service à la clientèle.

Comme vous le savez, les compagnies doivent s'adapter et offrir de plus en plus de produits et de services à la clientèle. Même le transport en commun doit offrir plus s'il veut être attrayant et agréable. Je vais donc vous faire part de mes idées qui, si elles sont adoptées, feront grimper en flèche le taux de satisfaction de la clientèle ainsi que vos revenus.

Tout d'abord, vous pourriez installer des bancs équipés d'une télévision et d'écouteurs. Ainsi, les gens écouteraient leurs émissions favorites tout en se rendant au travail. Vous pourriez même vendre un service de films payants à la carte. C'est réalisable techniquement et vous augmenteriez ainsi vos revenus. Les gens choisiraient leurs films et payeraient par carte de crédit.

Pour répondre aux besoins des gens d'affaires et aux travailleurs autonomes, de plus en plus nombreux, vous pourriez installer des prises de modem pour brancher leur ordinateur. Aussi, une imprimante laser serait disponible à l'avant de l'autobus, permettant ainsi aux gens d'imprimer leurs dossiers tout en se rendant à leur rendez-vous. Et pourquoi pas une photocopieuse ? Ces machines seraient payantes, bien sûr, le chauffeur n'aurait qu'à les surveiller et ramasser la monnaie. Vous pourriez également offrir le service d'un téléphone cellulaire. De plus, pour rendre le temps plus agréable en autobus, pourquoi ne pas remplacer le toit par des vitres panoramiques ? Ma dernière suggestion est enfin d'installer des toilettes à l'arrière des autobus. Nul besoin de vous préciser l'utilité de cette idée.

Je termine cette lettre en espérant que mes idées seront adoptées un jour. D'ici ce temps, j'espère que vous m'aurez répondu et je vous remercie très sincèrement de votre attention.

Attendez pas que je démarre ma compagnie d'autobus,

Martin H. Landry
Martin H. Landry
1685, avenue Mailloux app. 5
Québec (Québec) G1J 4Z2

Société de transport de la Communauté urbaine de Québec

Bureau du Président

Québec, le 16 juin 1997

Monsieur Martin H. Landry
1685, avenue Mailloux app. 5
Québec   (Québec)
G1J 4Z2

Monsieur,

J'ai lu attentivement votre lettre, j'évite donc de vous adresser un «simple accusé de réception» pour vous assurer que vos suggestions ont reçu toute l'attention nécessaire malgré leur faible possibilité de réalisation. Elles feraient sûrement «grimper en flèche le taux de satisfaction de la clientèle» mais, présentement nous travaillons à contrer les effets négatifs sur le transport en commun que créeront les divers transferts du Gouvernement du Québec vers les municipalités.   Nous consacrons nos énergies à chercher des solutions afin de continuer à offrir le même niveau de services.

Nous vous remercions pour l'intérêt manifesté pour le transport en commun et son développement et nous vous prions de recevoir nos salutations distinguées.

Le président,

Claude Larose

Québec, le 3 avril 1997

Ministère de la Sécurité publique du Québec
Direction des communications
2525, boul. Laurier
Tour Saint-Laurent
Sainte-Foy (Québec)
G1V 2L2

Bonjour à vous, mes chers protecteurs de la société québécoise ! À vous qui détenez ces méchants criminels loin des bons citoyens, je vous dis félicitations pour votre bon travail. Mais, malgré toute votre bonne volonté, vous savez qu'il y a des criminels qui vous échappent et qui vivent en toute liberté. C'est justement pourquoi je vous écris cette lettre.

Ma suggestion est la suivante. Dorénavant, tout citoyen du Québec devrait donner ses empreintes, se faire prélever du sang pour identifier son ADN et se faire insérer sous le cuir chevelu une puce électronique. Avec toutes ces informations, la police aurait enfin tous les moyens nécessaires pour identifier et arrêter les criminels. Il s'agit d'une solution simple d'application et la puce est techniquement réalisable. Laissez-moi vous en parler.

Chaque puce serait codée de façon à permettre aux forces policières de localiser un individu soupçonné d'activités criminelles. De plus, la puce pourrait bloquer l'accès à des lieux interdits aux personnes indésirables. Cela serait possible en installant des antennes qui transmettraient des codes qui bloqueraient l'accès aux indésirables un peu partout sur le territoire. Par exemple, on programmerait à distance la puce de x de façon à l'empêcher d'aller à un aéroport. Dès que x entrerait dans le périmètre de l'aéroport, sa puce recevrait le code de l'antenne émettrice qui lui bloquerait l'accès et lui enverrait un courant électrique de 12 000 volts à travers tout son corps. Vous pouvez me croire, x quitterait vite l'aéroport !

Grâce à cette puce, la police aurait enfin le contrôle et rétablirait l'ordre et la sécurité au sein de la population. Je termine cette lettre en vous remerciant de votre attention et j'attends vos commentaires sur ma suggestion. Répondez-moi !

Va pas là sinon je t'envoie 12 000 volts à travers le crâne,

Martin H. Landry

Martin H. Landry
1685, avenue Mailloux app. 5

Gouvernement du Québec
Ministère de la Sécurité publique
Direction des communications

Sainte-Foy, le 15 avril 1997

Monsieur Martin H. Landry
1685, avenue Mailloux
Appartement #5
Québec (Québec)
G1J 4Z2

Monsieur,

Nous accusons réception de votre lettre du 3 avril 1997 dans laquelle vous formulez une suggestion permettant aux services policiers de localiser un individu soupçonné d'activités criminelles.

Nous avons transmis votre correspondance au service compétent du Ministère.

De plus, nous vous remercions de l'intérêt que vous manifestez pour la sécurité publique.

Veuillez agréer, Monsieur, l'expression de nos sentiments distingués.

Micheline Fortin
Renseignements généraux
et plaintes

2525, boul. Laurier, 5e étage
Sainte-Foy (Québec)
G1V 2L2

Téléphone : (418) 644-6826
Télécopieur : (418) 643-3194

1 0 3

Québec, le 3 avril 1997

Télé-Direct Publications inc. (Les Pages jaunes)
Ventes
1600, boul. René-Lévesque Ouest
Montréal (Québec)
H3H 1P9

Je m'appelle Martin H. Landry, je suis célibataire et je veux à tout prix rencontrer l'âme sœur. Depuis cinq ans que je n'ai pas eu de relations sexuelles, je commence à avoir des ampoules sur les mains. Je ne crois pas à l'adage qui dit que le sexe est comme le poker, quand on a une «belle main», on a pas besoin de partenaire !

Je fais n'importe quoi pour rencontrer des femmes. Internet, les bars, les annonces classées, les cours du soir, du bénévolat aux associations de femmes battues, me promener en auto les soirs de tempête de neige pour aider les femmes en panne avec leur auto, me promener avec deux chiens cutes, bref, n'importe quoi. Je dépense aussi une petite fortune sur les lignes de rencontre par téléphone. On peut parler aux femmes dans le confort de sa maison tout en se caressant les parties. Par contre, ces lignes demandent beaucoup de temps et sont dispendieuses. J'y ai consacré plus de 2 453,90 $ les six derniers mois, en plus de tout le temps que j'y consacre. Étant avocat, je sais que le temps, c'est de l'argent.

C'est alors que m'est venue une idée extraordinaire. Comme j'aime recevoir des messages de femmes sur mon téléphone et que je veux consacrer plus de temps à mon travail, pourquoi ne pas m'annoncer dans l'annuaire Bell. Je vous achèterais toute une page couverture pour y publier une photo de moi avec une brève description de ma personne et bien sûr mon numéro de téléphone. Je n'aurais alors plus à utiliser les lignes de rencontre, je n'aurais qu'à répondre à toutes ces femmes en chaleur qui m'auront laissé des messages sur mon répondeur. Grâce à mon afficheur, je pourrais aussi voir leur numéro de téléphone. Gare à celles qui me feront des farces !

Je vous demande donc de m'envoyer les tarifs publicitaires et de me dire si mon idée est possible. Je vous remercie de votre attention.

Avec ma photo, les femmes de Québec et vos lignes seront comblées,

Martin H. Landry
Martin H. Landry
1685, avenue Mailloux app. 5
Québec (Québec) G1J 4Z2

TÉLÉ-DIRECT
[PUBLICATIONS] INC.
« une compagnie Bell Canada »

1600, boul. René-Lévesque O.
Montréal (Québec) H3H 1P9

97 05 30

Monsieur Martin H. Landry
1685, av. Mailloux app. 5
Québec, (Qc)
G1J 4Z2

Monsieur,

Votre lettre du 16 mai dernier adressée à M. T.J. Bourke m'a été transmise pour attention et réponse.

Nous avons examiné votre demande. Nous devons malheureusement vous informer que les normes régissant la publicité annuaire Pages Jaunes MC ne nous permettent pas d'y donner suite.

Nous vous remercions de l'intérêt manifesté envers les annuaires et nous vous prions d'agréer, Monsieur, l'expression de nos salutations distinguées.

M. Desjardins
Directeur adjoint - Service à la clientèle

(514) 934-2000
APPELS DE L'EXTÉRIEUR, COMPOSEZ 1-800-848-8353

Québec, le 22 avril 1997

Centraide
493, rue Sherbrooke Ouest
Montréal (Québec)
H3A 1B6

Salut à vous, mes chers Robin des Bois! Je vous écris car après avoir contribué plus que généreusement à vos campagnes annuelles de levées de fonds, je crois qu'il est temps de réclamer mon dû.

Voyez-vous, je dois prendre ma retraite de la fonction publique bientôt et j'aimerais me faire construire une piscine creusée dans ma cour pour jouir de mes années de repos bien méritées. Comme il me manque environ 6000$ pour ce projet et que je ne veux pas renoncer à mon voyage en Europe, je fais appel à votre aide. J'espère que vous comprenez que cette piscine creusée me tient à cœur, surtout que je suis blasé de ma piscine hors-terre.

Cette piscine est trop petite et m'empêche de profiter au maximum des moments où mes charmantes voisines à peine sorties de l'adolescence viennent s'y baigner. J'ai peur de paraître cheap à leurs yeux avec ma pauvre piscine hors-terre qui, en plus, commence à se faire vieille. Je suis sûr qu'une belle piscine creusée saurait maintenir leur intérêt envers ma cour arrière et qui sait, peut-être susciter leur intérêt pour ma chambre à coucher.

De plus, une belle piscine creusée me permettrait de réaménager ma cour arrière et la rendre plus propice pour des partys de fin de soirée autour d'une belle piscine. En effet, quoi de mieux après un bon BBQ et quelques bières que de sauter tout nu dans une piscine tout en étant entouré de jeunes nymphes légèrement saoules, portant des maillots révélateurs et se montrant reconnaissantes? Rien.

Mais justement, Centraide peut me fournir ce montant d'argent qui me manque pour que mon rêve devienne réalité. J'espère que vous serez attentif à ma demande et que vous serez généreux avec moi. J'attends de vous une réponse rapide. Si vous êtes favorables à ma demande, je pourrais alors commencer les travaux rapidement et tenir un party de fin de Cégep pour mes voisines étudiantes. Elles pourront alors peut-être mettre en pratique leurs cours d'éducation sexuelle. Je vous remercie de votre attention et répondez-moi, même négativement, pour que je sois en mesure de me faire un budget. Mille mercis!

Je le mérite bien après tout ce que je vous ai donné,

Martin H. Landry
Martin H. Landry
1685, avenue Mailloux app. 5
Québec (Québec) G1J 4Z2

J'attends toujours une réponse

Québec, le 20 mai 1997

Ralston Purina
Eveready Division (Energizer)
Walkerton (Ontario)
N0G 2V0

Bonjour à vous, mes chers fabricants de piles! Je vous écris pour vous remercier pour vos bons produits, vos piles Energizer étant les meilleures sur le marché. Mais je vous écris aussi pour me plaindre de votre publicité qui affiche votre lapin équipé de piles Energizer et frappant un tambour tout en marchant dans différents lieux.

Je trouve ce lapin tout simplement énervant. Tellement que j'en fais parfois des rêves où je me vois en train d'exterminer ce lapin en lui enfonçant ses deux bâtons dans le crâne. Depuis qu'on le voit à l'écran, je suis sûr que vos ventes ont baissé. N'allez pas croire que je sois le seul à penser ainsi, plusieurs personnes de mon entourage sont du même avis. C'est simple, on ne veut plus le voir.

Ce que je vous demande, c'est donc de mettre fin à toute publicité de vos produits affichant ce maudit lapin insignifiant. Vous pourriez mettre fin à l'existence du lapin Energizer en le tuant dans un commercial qui deviendrait sa dernière publicité. Je vous propose avec plaisir quelques façons de le tuer :

- Le lapin marche avec son tambour et passe «malheureusement» à travers une pourvoirie où des chasseurs le tirent à bout portant, faisant exploser sa cervelle et son tambour.
- Le lapin Energizer essaie de traverser une rue très achalandée de New York. Il se fait écraser par des chauffeurs de taxi et ce, au grand plaisir de ces derniers qui, après lui avoir volé son tambour, repassent avec leur voiture jaune sur le lapin pour s'assurer qu'il est bien mort.
- Le lapin marche paisiblement dans une banlieue tout en frappant son tambour. On voit alors deux chiens de race rotweiller quitter leur niche en brisant leur laisse pour se ruer sur le pauvre lapin. Je vous laisse imaginer la fin de cette publicité.

Avec cette publicité, plusieurs personnes auraient l'immense jouissance de voir crever le lapin Energizer et recommenceraient alors à acheter vos piles. Je termine cette lettre en vous remerciant de votre attention et j'attends une réponse de votre part sur mes idées et mes commentaires. Merci encore!

En attendant de le voir crever, j'achète des piles au dessus cuivré,

Martin H. Landry
1685, avenue Mailloux app. 5
Québec (Québec) G1J 4Z2

J'attends toujours une réponse

Québec, le 28 mai 1997

Office des personnes handicapées du Québec
Communications
309, rue Brock
Drummondville (Québec)
J2B 1C5

Bonjour à vous. Je vous écris car j'aimerais en savoir plus sur vos services. J'ai eu un accident de moto qui a fait de moi une personne paraplégique. J'ai vécu des moments difficiles et la réadaptation n'a pas été facile. Depuis mon accident, j'ai vécu seul dans mon appartement et je veux maintenant mettre fin à cette période de réclusion et m'ouvrir au monde extérieur. Je veux donc utiliser tous les outils et services qui sont offerts aux handicapés, afin de faire de moi une personne plus complète. J'ai vraiment besoin de me sentir plus complet, surtout depuis que j'ai perdu mes membres.

En plus de connaître vos services, j'aimerais savoir si vous avez des séances d'informations sur des prothèses que peuvent utiliser les handicapés. Avec de telles séances d'informations, des handicapés s'échangeraient des trucs et des conseils sur leurs prothèses et pourraient présenter leurs créations à d'autres. Moi-même j'ai conçu des prothèses qui me sont utiles et j'aimerais bien les présenter à d'autres handicapés. Par exemple, je suis maintenant en train de vous écrire avec mon petit orteil du pied gauche. Je tiens à préciser que mon pied n'est pas au bout de ma jambe, mais plutôt dans ma bouche. J'ai un support de plastique dans lequel j'y insère mon pied, support que je manipule ensuite avec ma bouche. C'est le seul moyen que j'ai trouvé pour utiliser mon ordinateur. C'est après avoir vu le film *My left foot* que j'ai conçu cet appareil. C'est pratique car les cinq orteils de mon pied me permettent de manipuler plusieurs touches sur mon clavier. Pour faire un jeu de mots, depuis que j'utilise cet appareil, je n'écris plus comme un pied !

De plus, je travaille présentement à concevoir une prothèse qui me permettrait de me masturber. Il s'agit d'une main en plastique qui reproduit le geste d'une vraie main. Je n'ai pas terminé cette main masturbatrice, je rencontre beaucoup de difficultés à la réaliser. Par contre, laissez-moi vous dire que sa conception et les essais que je dois faire avec me procurent des moments forts appréciés.

En terminant, je vous remercie de votre attention et j'attends une réponse sur vos services et la possibilité d'avoir des réunions.

J'ai hâte de faire essayer aux autres ma main masturbatrice,

Martin H. Landry
Martin H. Landry
1685, avenue Mailloux app. 5
Québec (Québec) G1J 4Z2

J'attends toujours une réponse

Québec, le 21 juin 1998

Francine Gagnon
660, rue Saint-Gabriel
Québec (Québec) G1R 1W7

À celle qui m'a donné Ti-Noir et Ti-Gris,

Chère Francine, le but de cette lettre est de t'interroger sur certains aspects qui me troublent à propos des deux chats que tu m'as donnés, voilà bientôt quatre ans, soit Ti-Noir et Ti-Gris. Bien que tu m'aies dit à l'époque qu'elles étaient deux sœurs, je ne te crois pas puisqu'elles ne se ressemblent pas du tout, l'une étant noire et l'autre étant grise. C'est d'ailleurs dès le moment que tu m'as dit qu'elles étaient de la même mère que j'ai commencé à douter de toi et de ces deux chats. Je vais donc te dévoiler les raisons de ma suspicion et j'aimerais bien que tu m'éclaires à ce sujet.

Pour aller droit au but, je crois que ces deux chats sont en fait des extra-terrestres ayant pris une forme animale pour mieux nous assimiler et s'approprier notre planète, la Terre. Je crois en effet que ces deux chats sont trop intelligents pour n'être que de simples animaux. Voici des faits qui vont te permettre d'arriver à la même conclusion que moi :

- Ti-Noir sait utiliser le micro-ondes, elle en profite même pendant que je ne suis pas là pour se faire cuire du bacon.
- Ti-Gris programme elle-même le vidéo pour pouvoir enregistrer les émissions du National Geographic et les écouter pendant que je suis absent.
- À chaque fois que je veux lire mon journal, il y a des articles qui sont disparus et comme par hasard, je retrouve ces articles découpés dans le fond de leur litière. Et la plupart de ces articles sont des résultats sportifs, je soupçonne donc mes deux chats de faire des paris sportifs qui leur font perdre de bonnes sommes d'argent.
- La dernière fois que je me suis absenté pour plus d'une journée, Ti-Noir et Ti-Gris en ont profité pour tenir dans mon appartement un party de chats. Lorsque je suis rentré, j'y ai trouvé trois chats mâles ivres morts, plutôt beaux et jeunes je dois dire, et aussi des restes de poulet et des plumes de ce qu'il me semble être (ou plutôt était) un corbeau.

Alors chère Francine, j'espère que je t'ai convaincue que ces deux chats que tu m'as donnés ne sont pas normaux et j'aimerais bien que tu me dévoiles, une fois pour toutes, les secrets de leur origine.

Je vais bientôt contacter les agents Scully et Mulder de la section X-Files du FBI,

Martin H. Landry
Martin H. Landry
1685, avenue Mailloux app. 5
Québec (Québec) G1J 4Z2

Québec, le 29 juin 1998

Martin H. Landry
1685, avenue Mailloux app. 5
Québec (Québec) G1J 4Z2

Mon cher Martin,

Je prends tout de suite le temps pour te répondre car j'ai bien peur que tu essaies vraiment de contacter les agents Scully et Mulder du FBI qui, j'espère que tu le sais bien, ne sont que des personnages fictifs.

Pour répondre à tes questions portant sur l'origine de Ti-Noir et Ti-Gris, laisse-moi tout simplement te dire que ce sont les rejetons d'une pauvre chatte que je nourrissais sur ma galerie, et non pas des extraterrestres ayant pris une forme humaine comme tu te l'imagines. Comme tu le sais déjà, je nourris quelques chats qui vivent dans le quartier et quelquefois, des femelles donnent naissance à des chatons sous ma galerie. Je m'occupe par la suite de les placer dans des foyers où je crois qu'ils seront bien. J'ai malheureusement bien peur que je me sois trompé en te donnant Ti-Noir et Ti-Gris! Et dernière précision, ce sont vraiment deux sœurs, même si elles ne sont pas de la même couleur. J'espère donc que tes soupçons sur leur origine sont maintenant disparus et que tu as retrouvé ta confiance en moi.

Pour ma part, j'aimerais bien à ton tour que tu t'expliques sur certains points dont tu m'as déjà parlés et qui, je l'espère bien, n'ont jamais été réalisés. Tu m'as déjà confié que tu voulais entraîner Ti-Noir et Ti-Gris dans le but de leur faire produire un numéro pour le Cirque du Soleil. Ce numéro comprenait entre autres des sauts dans des cercles en feu et se terminait par un saut de la mort qui consistait à faire sauter les deux chats du haut d'un tremplin de 50 mètres pour les faire atterrir ensuite dans une mini piscine.

Je crois bien que ton projet n'a jamais été réalisé puisque tu m'en aurais déjà parlé. Par contre, ce que j'ai bien peur, c'est que tu as quand même peut-être essayé de les entraîner pour arriver à leur faire réaliser ce saut. Et comme je sais que tu as acheté une mini piscine pour mettre vis-à-vis ta galerie du deuxième étage de ton appartement, je ne serais pas surprise que tu les aies fait sauter de ta galerie à titre d'entraînement.

En terminant, j'espère que tu ne leur as jamais fait subir un tel stress et que ton projet de numéro de cirque n'était encore que pure fabulation de ta part. J'aimerais bien que tu me répondes au plus tôt pour éliminer les doutes que j'ai à ton sujet.

Mes amitiés,

Francine Gagnon
Francine Gagnon
660, Saint-Gabriel
Québec (Québec) G1R 1W7

Québec, le 22 juin 1998

Mme Anne Hurtubise, présidente-fondatrice
anne hurtubise communications
280, rue Saint-Joseph Est
Québec (Québec)
G1K 3A9

Chère Anne,

Je précise tout de suite que je me permets ici de te tutoyer puisque je crois que les trois nuits intenses de « négociations » dans le but de publier mon livre nous ont permis de nous rapprocher beaucoup. Je te précise aussi la raison de cette lettre : j'ai plusieurs idées qui vont faire en sorte que ce livre se vende plus que la Bible. Ce qui devrait pouvoir te plaire, puisque tu as beaucoup de livres en trop. Voici donc sans plus tarder mes idées de marketing :

- Pour pouvoir pénétrer le marché des homosexuels qui représentent 10 % de la population, on devrait publier le livre dans un format de poche.

- Pour plaire aux femmes, une photo de moi dans une tenue très suggestive devrait paraître à la couverture.

- Pour rejoindre les gens ayant des problèmes mentaux de toutes sortes, ils représentent quand même 10 % de la population, on devrait inclure des antipsychotiques avec le livre.

- Pour vendre le livre aux personnes âgées qui se font de plus en plus nombreuses, on donnerait une pilule de Viagra avec tout achat du livre. Comme tu l'as constaté toi-même lors de nos inoubliables « négociations », cette pilule fait des miracles, de quoi faire revivre tous les foyers pour personnes âgées du Québec.

J'espère bien que ces quelques idées te plairont. Sois sûre que sitôt j'en ai d'autres, je m'empresserai de te les communiquer. En terminant, j'aimerais beaucoup que tu fasses en sorte que je sois invité au *Late Show* de David Letterman lors de la tournée de promotion de ce livre. J'en profiterais bien aussi pour passer une semaine toutes dépenses payées par ta maison d'édition à New York. Salut Anne et à la prochaine !

Tu as peut-être une maison d'édition, mais certainement pas une maison d'érudition,

Martin H. Landry
Martin H. Landry
1685, avenue Mailloux app. 5
Québec (Québec) G1J 4Z2

Québec, le 21 juillet 1998

Martin H. Landry
1685, avenue Mailloux app. 5
Québec (Québec)
G1J 4Z2

Cher monsieur Landry,

Très malin d'écrire à votre éditrice! Vos nombreux talents ne cesseront jamais de me surprendre. De prime abord, sachez que je ne tolérerai pas votre familiarité à mon endroit. Le respect et l'éthique professionnelle sont irrévocablement de mise dans votre situation.

Je tiens à vous faire une suggestion. Au lieu de vous lancer dans le marketing, domaine qu'à l'évidence vous ignorez, continuez à exceller dans votre propre compétence, celle d'enquiquiner l'humanité toute entière.

Hélas! la campagne de promotion ne prévoit aucun arrêt à New York. Mais en revanche, vous aurez l'exceptionnelle occasion de découvrir un nombre renversant de jolis petits villages québécois et ontariens, et des haltes dans de confortables motels de routiers.

D'ici là, demeurez calme! Continuez à écrire! Vos lecteurs attendent le tome II!

Recevez, je vous prie, cher monsieur Landry, mes meilleures amitiés.

Anne Hurtubise
anne hurtubise communications
280, rue Saint-Joseph Est
Québec (Québec)
G1K 3A9

P.S.: J'attends impatiemment la nuit de négociations de votre prochain contrat.

Québec, le 7 septembre 1998

Monsieur, Madame, (vous!)
100, rue Est
Sainte-Insolence (Québec)
G1K 1K9

Il me fait plaisir de vous écrire cette lettre car j'aimerais par la présente vous expliquez les raisons qui m'ont amené à écrire ces lettres. Je veux aussi préciser que je les ai écrites sans aucune prétention, ni méchanceté, à temps perdu, et tout simplement dans le but de rire et avec l'espoir de faire rire.

Tout d'abord, le fait d'écrire des lettres me permettait une très grande liberté d'action car mon personnage, Martin H. Landry, pouvait changer de personnalité d'une lettre à une autre, ce qu'un roman ne pouvait pas me permettre. Avec des lettres, Martin H. Landry n'avait pas à respecter une ligne de conduite ni un discours, il pouvait changer complètement d'une lettre à une autre et m'enlevait donc l'obligation de respecter une continuité. Je prenais donc plaisir à modifier mon personnage dans le but ultime de bien piéger mon correspondant et lui soustraire une réponse à ma lettre.

Pour justement parler des réponses que j'ai obtenues, je dois dire que certaines victimes m'ont demandé beaucoup de patience et plusieurs rappels à l'ordre afin de leur soutirer une réponse écrite. Et comme vous l'avez constaté avec certaines lettres, j'ai dû abandonner avec quelques correspondants car je n'ai jamais pu obtenir de réponse.

Pour ceux qui se demandent pourquoi j'utilisais un nom d'emprunt et non mon vrai nom, je vous réponds en vous disant que c'était pour éviter d'avoir des réponses par téléphone à mes lettres. Comme j'utilisais ma vraie adresse, il était donc nécessaire d'utiliser un faux nom pour éviter que mes correspondants trouvent mon numéro de téléphone.

Pour terminer, j'espère que ce livre vous a plu et vous a fait passer de bons moments. J'aimerais justement recevoir vos commentaires à mon adresse de courrier électronique qui est la suivante : martinhlandry@hotmail.com. Et pour ceux que cela pourrait intéresser, je suis disponible pour l'écriture de scripts, monologues, textes publicitaires, etc., en échange toutefois d'un cachet fort alléchant! Bonjour et à la prochaine!

Faites attention à votre courrier, Martin H. Landry continue à écrire,

Martin Canuel, alias Martin H. Landry
martinhlandry@hotmail.com

www.ingramcontent.com/pod-product-compliance
Lightning Source LLC
Chambersburg PA
CBHW060817050426

42449CB00008B/1695